MW01707135

CHISTES de alcoba

Conrado Atenido

CHISTES de alcoba

OBRA PUBLICADA
INICIALMENTE CON EL TITULO:
Chistes sabrosos

SELECTOR
actualidad editorial

CHISTES DE ALCOBA

Mier y Pesado 128, Col. del Valle, 03100 México, D.F.

Portada: Enrique Bretón

ISBN: 968–403–398–2

Novena reimpresión. Julio de 2005.

Preguntaba una gallina a otra:

—¿Qué habrá sido primero, la madre o el bebé?

Lawrence de Arabia escuchó una vez el siguiente diálogo entre dos árabes a las puertas de Damasco:

—¿Para qué llevas esa escopeta?

—Porque voy a hacer un viaje muy largo y temo ser atacado.

—Si está escrito que has de morir —observó el primero con fatalismo musulmán—, el arma no te servirá de nada.

—La llevo por si está escrito que el que ha de morir es el otro —repuso el viajero filósofo.

—Yo soy el hombre más modesto del mundo —observó el borrachito—: Algunos tienen sed de aventuras, otros sed de poder, otros sed de riquezas, otros sed de amor, otros sed de sabiduría. Yo sólo tengo sed.

Rumbo a su casa, el automovilista conversaba con su compañero:

– Creo que mi siquiatra está mal de la cabeza. ¿Qué crees que me dijo hoy? Pues nada menos que estoy enamorado de mi automóvil. ¡Así como lo oyes!

– ¡Qué tontería! –respondió su interlocutor, dando un frenazo–. Todo lo que hay entre nosotros es una buena amistad ¿no es cierto?

Entre amigas:

– ¿Parrandea mucho tu marido en las noches?

– No sé. Le preguntaré la próxima vez que lo vea.

En la oficina:

– Déjame que te platique que pronto voy a ser padre. Pero no se lo digas a nadie: si mi mujer se entera, me mata.

La esposa: – ¡Eres un cínico! En cuanto ves una muchacha bonita, se te olvida que eres un hombre casado!

El marido: —Al contrario. ¡Es entonces cuando más lo recuerdo!

En todos los banquetes se dice algo a los postres. Pero sólo en los banquetes de antropófagos los postres contestan.

A los nuevos ricos les encanta ir a las tiendas de antigüedades para ver qué hay de nuevo.

La minifalda vino a cambiar las costumbres. Antes los hombres se sentaban en las bancas de los parques para ver pasar a las chicas. Ahora pasan por los parques para ver a las chicas sentadas.

El 95 por ciento de los toros odian el color rojo. El cinco por ciento restante han sido denunciados a la CIA.

El enfermo solicitó con voz débil:

—Quiero prepararme para morir... Que llamen a un cura.

—No hace falta —dijo el médico que lo atendía—. Conmigo basta y sobra.

Las cebras son caballos sin influencias.

Un individuo se presentó como aspirante al puesto de leñador.

—Aquí somos muy exigentes —dijo el empresario—. Necesitamos gente conocedora del oficio. ¿Tiene usted experiencia?

—Mucha. He sido leñador en el desierto de Altai.

— ¡Pero si en el desierto de Altai no hay árboles!

—Ahora ya no, claro. Hace un mes que salí de allá.

En los países superdesarrollados los cuatreros suelen ser cinco.

—¿Tienen alguna queja? —preguntó el director del penal a los presos.

—Sí, señor —repuso uno de ellos.

—¿Cuál?
—Nuestras celdas no tienen salida de emergencia.

Luis XIII era tan supersticioso, que jamás se sentaba solo a la mesa.

—¿Dónde fue la celebración?
—En el Club de Paleontólogos Septuagenarios de Bechuanalandia.
—Sin embargo, cuando nos encontramos el domingo de madrugada, me dijo usted que había sido en el Salón Pepe.
—Es que entonces no podía yo pronunciar Paleontólogos Septuagenarios de Bechuanalandia.

Le preguntaron al condenado a la silla eléctrica:
—¿Cuál es su última voluntad?
—Que se fundan los fusibles.

"Si su mujer habla por cuatro, utilice su imaginación y siéntase sultán."

Viendo a ciertas actrices cinematográficas italianas, no se explica uno por qué Rómulo y Remo recurrieron a una loba.

A los miopes les cuesta mucho trabajo creer en el más allá.

No hay cosa que entusiasme más a un aficionado a la pesca que su hijo tenga lombrices.

El dentista: –Ya sabe: si le duele, me avisa.

El paciente: –No se preocupe, doctor. Si me duele, le suelto una patada.

Aquel señor quería mucho a su ama de llaves. Cuando ésta enfermó, hizo que la atendiera el mejor cerrajero de la ciudad.

—¡La culpa es mía! —gimió la viuda del torero—. ¡Yo insistí en que se hiciera un traje de luces de color verde!

—Fue la fatalidad —la consoló una amiga—. ¿Quién podía imaginarse que le iba a tocar un toro con daltonismo?

—¿Hay algo más divino que el piano? —exclamó entusiasmado el melómano.

—¡Nada! —clamaron los oyentes—. ¿A quién no puede gustarle?

—A mí —repuso sombríamente un señor que era cargador.

Después de la autopsia, el médico forense dictaminó:

—Muerte natural.

—¿Cómo natural? —exclamó el comisario—. ¡Si la víctima está acribillada a balazos!

—Precisamente. ¿No le parece a usted natural que después de eso se haya muerto?

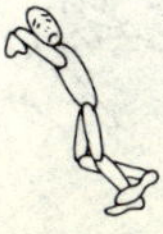

Los banqueros escriben sus autobiografías con sopa de letras.

Una joven actriz cinematográfica relataba su primer encuentro con un famoso director:

—Me dijo: "Confía en mí, y dentro de un año tendrás un Oscar".

—¿Y qué pasó? —preguntó una amiga.

—Pues que cumplió su promesa. Ahora a mi Oscar le está saliendo el primer dientito.

Cuando en Monterrey matan a un hombre a balazos, en vez de enterrarlo lo aprovechan llevándolo a la Fundidora.

Según el diccionario, sofista es el que se vale de sofismas, es decir, falsos razonamientos para inducir a error. Según los carpinteros, es el que hace sofás.

—Lo bueno de las bombas —dijo un yucateco— es que lo mismo se pueden decir en español que en maya.

No hay carrera de obstáculos comparable a la de un viaje en el que se tiene que pasar por varias aduanas. (Del diario de un contrabandista).

Hay volcanes tan galantes, que les preguntan a las montañas vecinas si no les molesta el humo.

Era un gallo tan subdesarrollado, que cantaba al mediodía.

—El whisky ha matado más hombres que las balas —dijo cierto abstemio a un bebedor empedernido.

—Pues yo francamente prefiero tener el cuerpo lleno de whisky que de balas —repuso el señor de la botella.

Hay actrices que sólo están dispuestas a aparecer en público con vestidos de corto metraje.

—¿Qué es capital? —preguntó el maestro.
—El dinero que acumula alguien —repuso el alumno.
—¿Y qué es trabajo?
—Lo que cuesta quitárselo.

—¿Es verdad que ayer vendiste cuatro artículos? —preguntó un amigo a cierto joven escritor.
— ¡Cinco! —repuso éste—: el reloj, el anillo, la gabardina, el saco y los pantalones.

En el noviazgo se suspira y en el matrimonio se bosteza.

—¿Cree usted en la existencia de un ser superior? —preguntaron en cierta ocasión al científico que acababa de obtener el Premio Nobel.
—Naturalmente —repuso el sabio.
—¿Y por qué está tan seguro?
—Porque me casé con ella.

Para darse una idea de lo que es la claustrofobia, basta mirar un gordo en camiseta.

Nada es verdad y nada es mentira. Todo es según la agencia de publicidad que lo diga.

La gran equivocación del hombre fue la de inventar la luz eléctrica para seguir trabajando de noche.

Los hippies huelen la presencia de un policía a 100 metros y viceversa.

Cuentan de un aristócrata inglés, muy amigo de la botella y de las faldas, que estaba dormido cuando se anunció un bombardeo aéreo sobre Londres. Su valet entró en la habitación para despertarlo.

—Milord —le dijo—: las sirenas...

—Que pasen —dijo el noble caballero abriendo un ojo.

El nuevo rico entró en un restaurant de mucho postín en la Zona Rosa, y a la hora de pagar la cuenta preguntó al mesero:

—¿De cuánto fue la mayor propina que ha recibido?

—De cincuenta dólares, señor —se inclinó el mesero.

—Aquí tiene una de cien —dijo el nuevo rico con mucha petulancia, poniendo un billete de esa denominación sobre la mesa—. Y ahora dígame: ¿quién le dio la propina de cincuenta?

—Usted, señor —volvió a hacer una reverencia el mesero—. La última vez que estuvo usted aquí.

El fuereño llegó a la capital y se perdió en el centro. Entró en una tienda y pidió permiso para hablar por teléfono a un pariente para que viniera a buscarlo.

—Dime dónde estás para ir por ti —le dijo el pariente.

El fuereño se asomó a la puerta y volvió al aparato.

—Estoy en la esquina de Alto y Pase...

La puntualidad es el arte de calcular el retraso de los demás.

Definición de chaparro: individuo que mide cinco centímetros menos que uno.

El boxeador, hecho una desgracia, abrió un ojo y preguntó:

–¿Quién ganó?

–No sé, hijo –le contestó San Pedro.

Diálogo entre estatuas:

–Mucho busto...

–El busto es mío...

El guardafaros acababa de casarse con una pastora de cabras. Tomó a su flamante esposa en brazos, entró con ella en el faro y exclamó:

– ¡Al fin acompañados!

Según la teoría de Darwin, la palabra desciende del monosílabo.

–Ya sé, hijo mío –dijo el padre a su vástago de la

nueva ola—, que no hay comunicación entre nosotros. Esa es una de mis pocas satisfacciones.

Dos marcianos llegaron a la Tierra. Uno de ellos mostró al otro una antena de televisión y le dijo:

—Mira que muchacha más mona...

Si en la época contemporánea —como en la Edad Media— se luchara contra los infieles, no iba a quedar un solo marido con vida.

La situación internacional se ha complicado de tal manera, que ya ni los peluqueros pueden explicarla.

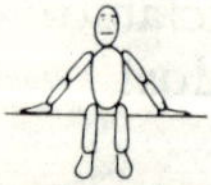

El fanático de las carreras de caballos se quejaba de que todos los días, antes de dirigirse al hipódromo, le encendía una vela al santo de su devoción y sin embargo no había ganado ni una sola carrera en casi un año.

—¿Qué santo es ése? —le preguntó un amigo.

—San Filogonio.

—¡Hombre, con razón! Ese es patrono de las carreras de galgos.

Aquel pobre hombre decididamente tenía mala suerte: cuando lo acusaron de ser bígamo, vinieron los policías para aprehenderlo y encima le pusieron un par de esposas.

Con la edad, las curvas peligrosas de la mujer se convierten en largos rodeos.

En una función de beneficiencia un perrito se coló en el escenario y empezó a actuar de una manera sorprendente: cantó, bailó, dijo chistes e hizo imitaciones. Hasta que vino una perra grande y se lo llevó cogido del pescuezo con los dientes.

—¡Es mi mamá! —grito el perrito mientras lo sacaban del escenario—. No quiere que sea yo artista, sino veterinario...

Aquel abarrotero tenía tantos dientes de oro, que dormía con la cabeza dentro de su caja fuerte.

Una amiga: —¿Qué tal estuvo la cena de anoche en la embajada?

La otra: —¡Elegantísima! Con decirte que sirvieron manitas de puerco con guantes...

Sólo se concibe a una mujer muda cuando muda de opinión, muda de vestido, muda de peinado o muda de marido.

En el país de los cíclopes los oculistas sólo trabajan medio día.

—Papá —pidió el hijo del sultán a su padre—: ¿me prestas tu harén esta noche?

Hay whiskies que no se sabe si son importados o deportados de Escocia.

Un hombre triunfa en la vida cuando le basta trabajar un día a la semana para descansar los otros seis.

Y cuando tampoco tiene que trabajar ese día, entonces el que triunfó en la vida fue su señor padre.

Los únicos que verdaderamente se levantan con las gallinas son los gallos.

Marido: —Dice el periódico que en la ciudad de México se atropella a un hombre cada quince minutos.

Mujer: — ¡Qué barbaridad! ¡Cómo estará el pobre!

—¿Cómo está su esposa? —le preguntaron en cierta ocasión a Sir Winston Churchill.

—¿Comparada con la de quién? —preguntó a su vez el célebre estadista.

Autosugestión es la ilusión que se hace uno de que va en auto cuando se viaja en camión.

Lo llamaban Salomón no por su sabiduría, sino por su habilidad para repartir niños ajenos. Era chofer de un transporte escolar.

Señora: —¿Tiene usted cambio de diez dólares?

Pobretón: —No, señora, pero le agradezco a usted el cumplido.

La esposa: —Son las cinco de la mañana. ¿Dónde estabas?

El esposo: —Visitando a un amigo enfermo.

La esposa: —¿Cómo se llama?

El esposo: —No lo sé. Está tan grave que no me dijo su nombre.

El conde: —Es usted un advenedizo. ¿Ya no recuerda que proviene de una familia campesina?

El catedrático: —Sí. La nobleza de mi familia comienza conmigo, igual que la suya termina con usted.

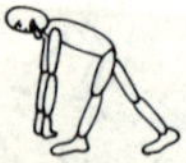

¿Sabía usted que el verdadero principio de Arquímedes fue cuando su señora madre lo concibió?

Hay hogares en donde todo funciona a base de botones, menos las camisas del señor.

Era un hombre extremadamente individualista, y sin embargo murió en una epidemia.

Había un señor tan viejo, que rompió un espejo para tener siete años más de vida, aunque fueran de mala suerte.

Un niño se dirigió a un sacerdote en la calle.

—Señor —le dijo—, ¿podría decirme qué hora es?

—No me llames "señor" hijo mío —repuso el bondadoso cura, acariciando la cabeza del chico—. Llámame "padre".

—¡Huy, qué contenta se va a poner mamá! —gritó entusiasmado el niño—. Hace años que te busca...

—El aeropuerto de Miami es una maravilla —comentaba un turista mexicano—. Tiene cinco bares y una terraza desde donde se puede ver salir el avión que iba uno a tomar.

Newton hizo su descubrimiento cuando le cayó una manzana en la cabeza. Fue la primera vez que un simple chichón se convirtió en una cosa de gravedad.

Un yucateco entró en una ermita en ruinas y se le apareció un fantasma. Al verlo, el boshito salió disparado y no paró hasta que materialmente ya no tenía aliento. Al detenerse a descansar sobre el tronco de un árbol caído, vio otra vez al fantasma, que le sonreía siniestramente.

—¡Vaya carrerita, eh? —dijo el espectro.

—Eso no fue nada. Ya verás la que echo ahora que me vuelva el resuello...

Al volver en sí después de una operación quirúrgica, el paciente preguntó a una enfermera:

—¿Por qué cerraron las persianas de las ventanas?

—Es que la casa de enfrente se está incendiando —repuso la muchacha—, y el doctor no quiso que saliera usted de la anestesia y al ver las llamas fuera a pensar que la operación había sido un fracaso.

—Tengo un grave problema —dijo un señor muy nervioso al siquiatra, que le indicó le relatara sus cuitas—. Mi hijo mayor estudia en Estados Unidos y al menor lo he puesto en una universidad local, particular y muy

Newton hizo su descubrimiento cuando le cayó una manzana en la cabeza. Fue la primera vez que un simple chichón se convirtió en una cosa de gravedad.

Un yucateco entró en una ermita en ruinas y se le apareció un fantasma. Al verlo, el boshito salió disparado y no paró hasta que materialmente ya no tenía aliento. Al detenerse a descansar sobre el tronco de un árbol caído, vio otra vez al fantasma, que le sonreía siniestramente.

—¡Vaya carrerita, eh? —dijo el espectro.

—Eso no fue nada. Ya verás la que echo ahora que me vuelva el resuello...

Al volver en sí después de una operación quirúrgica, el paciente preguntó a una enfermera:

—¿Por qué cerraron las persianas de las ventanas?

—Es que la casa de enfrente se está incendiando —repuso la muchacha—, y el doctor no quiso que saliera usted de la anestesia y al ver las llamas fuera a pensar que la operación había sido un fracaso.

—Tengo un grave problema —dijo un señor muy nervioso al siquiatra, que le indicó le relatara sus cuitas—. Mi hijo mayor estudia en Estados Unidos y al menor lo he puesto en una universidad local, particular y muy

Era un hombre extremadamente individualista, y sin embargo murió en una epidemia.

Había un señor tan viejo, que rompió un espejo para tener siete años más de vida, aunque fueran de mala suerte.

Un niño se dirigió a un sacerdote en la calle.

—Señor —le dijo—, ¿podría decirme qué hora es?

—No me llames "señor" hijo mío —repuso el bondadoso cura, acariciando la cabeza del chico—. Llámame "padre".

—¡Huy, qué contenta se va a poner mamá! —gritó entusiasmado el niño—. Hace años que te busca...

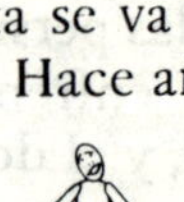

—El aeropuerto de Miami es una maravilla —comentaba un turista mexicano—. Tiene cinco bares y una terraza desde donde se puede ver salir el avión que iba uno a tomar.

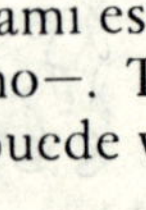

cara. A los dos les he comprado sendos Cadillacs y ahora acaba de adquirir una casa en las Lomas de Barrilaco y un chalet en Acapulco.

–¡Hombre! –exclamó el siquiatra–. Es usted una persona afortunada. No veo dónde está su problema.

–Es que gano el salario mínimo –explicó el señor nervioso mordiéndose las uñas.

Aquel señor era tan corto de vista, que al cruzarse con su esposa en la calle le dijo un piropo.

–¿Por qué te disgustaste con tu compañero de cuarto?

–Por abusivo. Usaba mis camisas, mis corbatas y mis trajes, y no me importó. Lo que no pude tolerar fue que se riera de mí con mi dentadura postiza.

El padre: –Felicitaciones, hijo. Siempre recordarás este día como el más feliz de tu vida.

El hijo: –Pero si me caso hasta mañana, papá.

El padre: –Sí. Por eso.

La esposa: –Me iré lejos de aquí a estudiar canto. El esposo: – ¡Magnífico! ¿Qué tan lejos!

La delincuencia juvenil comienza cuando el muchacho deja de preguntar a sus padres de dónde vino, para decirles a dónde deben irse.

–Tengo una gran fuerza de voluntad: a pesar de las tentaciones, no he renunciado a la bebida.

–Este es su cuarto, señor. Si usted quiere ver el mar, ponga un peso en esta ranura y las persianas se abrirán automáticamente.

El verdadero responsable de la Segunda Guerra Mundial, fue aquel oscuro maestro vienés que le dijo al joven Adolfo Hitler que se dedicara a cualquier otra cosa, pues nunca llegaría a ser buen pintor.

Hay perros tan inteligentes, que por eso mismo siguen siendo perros.

Hubo una médium que empezó a perder prestigio entre los espiritistas, pues cada vez que llovía quedaba incomunicada.

Los niños pequeñitos suelen tener 36 grados y medio de temperatura y 99% de humedad.

Una señora recién instalada en una nueva casa le preguntó al lechero cómo se llamaba.

—Benito Juárez —repuso.

—¡Vaya! Pues su nombre sí que es famoso...

—Ya lo creo. Como que llevo veinte años de estar repartiendo leche en esta colonia.

Después de celebrar muy húmedamente el aniversario de su graduación, cinco jóvenes arquitectos esperaron en la calle mientras un sexto tocó el timbre de una casa en las altas horas de la madrugada.

—Perdone usted —le dijo muy galantemente a la señora medio dormida y malhumorada que abrió la puerta—: ¿es usted la señora de Rodríguez?

—Sí, yo soy —repuso la dama.

—¿Sería usted entonces tan amable de señalar quién es su marido, para que los demás nos podamos ir a casa?

El hombre que inventó el reloj nunca supo exactamente a qué hora lo hizo.

Era una mujer tan fea, que los tratamientos de belleza de diez días le llevaban cinco semanas.

Ernest Hemingway contaba que en cierta ocasión vio una espléndida vaca en un prado de Galicia, y luego fue a preguntarle al dueño de la finca:

—¿Cuánto vale la vaca que estaba junto al camino?

—Veamos, veamos —dijo el gallego rascándose la cabeza—. ¿Es usted recaudador de impuestos, un automovilista que ha atropellado a mi vaca, un posible comprador o simplemente un curioso?

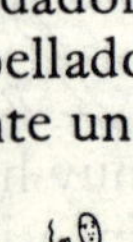

El empleado del banco, a la cimbreante sirena:

—Lo siento mucho, señorita. Este cheque no tiene

cara. A los dos les he comprado sendos Cadillacs y ahora acaba de adquirir una casa en las Lomas de Barrilaco y un chalet en Acapulco.

–¡Hombre! –exclamó el siquiatra–. Es usted una persona afortunada. No veo dónde está su problema.

–Es que gano el salario mínimo –explicó el señor nervioso mordiéndose las uñas.

Aquel señor era tan corto de vista, que al cruzarse con su esposa en la calle le dijo un piropo.

–¿Por qué te disgustaste con tu compañero de cuarto?

–Por abusivo. Usaba mis camisas, mis corbatas y mis trajes, y no me importó. Lo que no pude tolerar fue que se riera de mí con mi dentadura postiza.

El padre: –Felicitaciones, hijo. Siempre recordarás este día como el más feliz de tu vida.

El hijo: –Pero si me caso hasta mañana, papá.

El padre: –Sí. Por eso.

La esposa: —Me iré lejos de aquí a estudiar canto.
El esposo: —¡Magnífico! ¿Qué tan lejos!

La delincuencia juvenil comienza cuando el muchacho deja de preguntar a sus padres de dónde vino, para decirles a dónde deben irse.

—Tengo una gran fuerza de voluntad: a pesar de las tentaciones, no he renunciado a la bebida.

—Este es su cuarto, señor. Si usted quiere ver el mar, ponga un peso en esta ranura y las persianas se abrirán automáticamente.

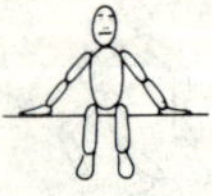

El verdadero responsable de la Segunda Guerra Mundial, fue aquel oscuro maestro vienés que le dijo al joven Adolfo Hitler que se dedicara a cualquier otra cosa, pues nunca llegaría a ser buen pintor.

Hay perros tan inteligentes, que por eso mismo siguen siendo perros.

Hubo una médium que empezó a perder prestigio entre los espiritistas, pues cada vez que llovía quedaba incomunicada.

Los niños pequeñitos suelen tener 36 grados y medio de temperatura y 99% de humedad.

Una señora recién instalada en una nueva casa le preguntó al lechero cómo se llamaba.

—Benito Juárez —repuso.

—¡Vaya! Pues su nombre sí que es famoso...

—Ya lo creo. Como que llevo veinte años de estar repartiendo leche en esta colonia.

Después de celebrar muy húmedamente el aniversario de su graduación, cinco jóvenes arquitectos esperaron en la calle mientras un sexto tocó el timbre de una casa en las altas horas de la madrugada.

—Perdone usted —le dijo muy galantemente a la señora medio dormida y malhumorada que abrió la puer-

ta—: ¿es usted la señora de Rodríguez?
—Sí, yo soy —repuso la dama.
—¿Sería usted entonces tan amable de señalar quién es su marido, para que los demás nos podamos ir a casa?

El hombre que inventó el reloj nunca supo exactamente a qué hora lo hizo.

Era una mujer tan fea, que los tratamientos de belleza de diez días le llevaban cinco semanas.

Ernest Hemingway contaba que en cierta ocasión vio una espléndida vaca en un prado de Galicia, y luego fue a preguntarle al dueño de la finca:
—¿Cuánto vale la vaca que estaba junto al camino?
—Veamos, veamos —dijo el gallego rascándose la cabeza—. ¿Es usted recaudador de impuestos, un automovilista que ha atropellado a mi vaca, un posible comprador o simplemente un curioso?

El empleado del banco, a la cimbreante sirena:
—Lo siento mucho, señorita. Este cheque no tiene

fondos.

– ¡Demonios! ¡Me sedujeron!

Lamentable caso el de aquella cigarra que se sentía profundamente frustrada desde que los médicos le prohibieron el cigarro.

Si quieres olvidar tus preocupaciones, usa zapatos estrechos. (Proverbio inglés).

Resulta curioso que antes del Diluvio hasta los animales recién nacidos eran antediluvianos.

En una avenida muy transitada de la ciudad de México, un fuereño le preguntó a un vendedor de periódicos:

–¿Podrías decirme como se llega al panteón de Dolores?

–Claro –repuso el chamaco–; nomás atraviese la acera de enfrente cuando el semáforo esté con la luz verde.

El ranchero llegó al consultorio acompañado de un joven con una pierna vendada.

—Doctorcito, haga favor de examinar a mi yerno. Ayer le pegué un balazo en una pata.

— ¡Qué barbaridad! —exclamó el facultativo—. ¿No le da vergüenza haber herido a su hijo político?

—Es que cuando le di el plomazo todavía no lo era.

Médico: —Su sistema nervioso no anda bien, amigo. Necesita usted salir, distraerse un poco.

Paciente: —¿Por qué no se lo propone usted al director del penal, doctor?

Aquel señor frecuentaba un aristocrático restaurante de la Zona Rosa, donde pronto se hizo famoso por sus espléndidas propinas. Gustaba, sin embargo, de que lo sirviera un determinado mesero que le conocía sus gustos y le adivinaba el pensamiento, por lo cual reclamó en cierta ocasión en que lo sirvió otro.

— ¿Qué pasó? Tú no eres Fulano...

—No señor.

—¿Qué le sucedió? ¿Acaso está enfermo?

—Tampoco, señor. Lo que ocurre es que anoche nos lo jugamos a usted a los dados, y yo gané con tres ases.

—¿Por qué han puesto ahí ese letrero de "Se ruega guardar silencio de 3 a 4 p.m."? —preguntó muy extrañado un señor que visitaba un cementerio—. ¿Acaso esa es la hora en que pueden despertarse los muertos?

—No —repuso el sepulturero—. Pero esa es la hora en que yo duermo la siesta.

—¿Ha leído usted mi último libro? —preguntó ansiosamente el joven escritor al crítico literario.

—Así lo espero —suspiró éste.

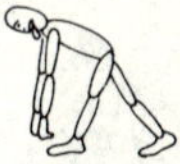

En el sur de los Estados Unidos es tal la discriminación racial, que a los negros condenados a la silla eléctrica los ejecutan con una vela, pues la corriente está reservada para los blancos.

Cada vez que venía a México, aquel señor de Monterrey tenía pánico de que lo fueran a robar. Después de registrarse en el hotel, entró en su habitación y procedió a inspeccionar minuciosamente debajo de la cama, en los closets y detrás de las cortinas para ver si no había ningún ladrón escondido. No halló nada. Sin embargo, por aquello de las dudas, al meterse entre las sábanas y apagar la luz, exhaló un suspiro y dijo con voz que se oyó en todo el establecimiento:

—¡Vaya! Otra vez en México y sin un solo quinto en el bolsillo...

El vagabundo: —¿Quiere usted que le corte la hierba, señora? Llevo tres días sin comer.

La dama: —No hace falta que la corte, buen hombre. Puede usted comerla directamente.

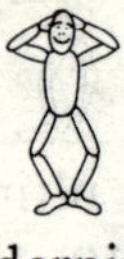

La Iglesia se está modernizando tanto, que dentro de poco en el cielo, en vez de arpas, los ángeles tocarán guitarras eléctricas.

El terremoto es una catástrofe que empieza con un sacudimiento de tierra y termina con una kermesse de beneficencia.

El pordiosero que tocaba el violín en una esquina, al ver pasar a su profesor de música, sonrió y le dijo: —Buenos días, maestro. ¿Se acuerda usted de mí?

La medicina es un drama con dos frentes: el del enfermo cuando no tiene médico y el del médico cuando no tiene enfermos.

La única forma de acabar con el problema de las madres solteras, sería instituyendo el Servicio Conyugal Obligatorio.

En la actualidad la juventud ya no es ningún divino tesoro, sino una linda tarjeta de crédito.

—¿Cómo podré lograr que mi novio caiga de rodillas frente a mí y me proponga matrimonio?

—Deja caer al suelo un centenario.

—Papá, ¿qué son pragmáticos?

—Los que siguen la doctrina del pragmatismo.

—¿Y qué es pragmatismo?

—Un método filosófico divulgado por William James a fines del siglo pasado, según el cual el único criterio para juzgar la verdad ha de fundarse en sus efectos prácticos.

—¡Ah! Entonces lo que rompí fueron los anteojos esos que llevas al hipódromo.

Respuesta lógica: la de aquella solterona que le dio una bofetada a un señor que le preguntó cómo había pasado la noche.

El emblema de Francia era el gallo. Hasta que lo convirtieron en esa delicia gastronómica que es el *coq-au-vin.* Lo cual equivale a que en México hiciéramos mole de águila y tacos de serpiente.

El borracho le confesaba a otro borracho en la barra de una cantina:

—Yo bebo porque mi mujer se fue con otro. ¿Y usted?

—¿No me reconoce? Yo bebo porque soy el otro.

Una pielroja: —¿Tú pertenecer a la tribu de los Pies Negros?

Otro pielroja: —No, yo ser sioux. Lo que sucede es que me acabo de dar grasa.

Hay periodistas tan atildados, que en vez de hablar del hambre en la India se refieren al "proverbial apetito insatisfecho de los coterráneos de Rabindranath Tagore".

—Una limosnita para este pobre mudo...
—¿Mudo? ¡Pero si acaba usted de hablar!
— Bueno, entonces una limosnita para este pobre distraído...

—Los canales más importantes del mundo son el de Suez y el de Panamá —explicó el profesor a sus alumnos—. ¿Podrían citarme algún otro?
— ¡El nueve! —gritaron los chicos a coro.

Crítico es un señor que conoce a fondo la teoría del equilibrio, pero que es incapaz de andar en bicicleta.

El matrimonio es la coexistencia de dos sistemas nerviosos.

El planeta Saturno es tan desconfiado, que jamás se quita los anillos.

La asombrada trabajadora social le preguntó a la mujer que entrevistaba:

—¿Así es que ninguno de sus ocho hijos es del mismo padre?

—Sí —respondió la mujer—. Creo que los cuatitos.

Hay escritores a los que el amor a la libertad no les deja ni un momento libre para escribir.

—A este reloj —explicó el nuevo rico—, no le doy cuerda nunca.

—¿Es eléctrico? —preguntó la visita.

—No. Es que tengo contratado a un criado para que se la dé.

—De mi libro anterior —dijo el poeta—, se regalaron cuatrocientos ejemplares. Pero de éste pienso regalar más de quinientos.

Eso de que por donde pasaba el caballo de Atila no volvía a crecer el pasto, no tiene nada de extraordinario. Ponga usted un caballo cualquiera en su jardín y verá lo que sucede.

El borrachito al policía:

—Este... perdone: ¿conoce usted a King Kong?

—Ehh... pues sí. Lo vi hace poco...

—¿Le molestaría decirme por dónde se fue?

Cuando bajó a desayunar, el juerguista empedernido dijo a su mujer:

—Bueno, no te podrás quejar de que anoche haya hecho ruido al llegar a casa.

—No —repuso la abnegada señora—. Los que lo hicieron fueron los que te traían cargado.

El dueño de la fábrica hizo llenar las paredes con letreros que decían: "No dejes para mañana lo que puedas hacer hoy".

Esa misma tarde los obreros se declararon en huelga, los empleados exigieron un aumento de sueldo y el jefe de contabilidad desapareció con todo el dinero que había en la caja.

El hombre es el único mamífero que utiliza el chupón.

¿Por qué cuando tomamos la primera cucharada de sopa y nos quemamos la lengua, el paladar y hasta el esófago, nuestra esposa pregunta si la sopa está caliente?

Aquel señor era tan sibarita, que al comer sesos exigía que fuesen de algún graduado de la Sorbona.

En la actualidad hay niñeras que se rehusan a salir en su día de asueto por temor a dejar al niño solo con su madre.

Aquel borrachito soñaba con ir a Suiza, pues había oído que ahí existe un lago de Ginebra.

Un niño: —Ayer llevaron a mi perro al Instituto Antirrábico.

El profesor: —¿Para vacunarlo?

El niño: —No; para cortarle el rabo.

En general, el cabello se pone blanco antes que el bigote, porque el bigote es veinte años más joven.

¿Por qué será que cuando entierran a los muertos sólo se escuchan frases de cajón?

El recién casado comentaba con un amigo:

—Eso de que todos los que se casan engordan es puro cuento. Yo me pesé a la salida del Registro Civil y no había aumentado ni un gramo.

—Yo necesito aire y sol —dijo el caballero calvo y gordito—. Quiero una habitación que tenga ventanas y balcones más grandes, de preferencia que den al sur o al poniente.

—No venga usted con pretensiones —replicó un funcionario muy estirado—. Confórmese con lo que hay o pida asilo político en otra embajada.

Un periodista inexperto le preguntó a cierto famoso novelista:

—Maestro: ¿cuál es su mayor deseo?

A lo que el hombre de letras contestó:

—Un caballero, señor mío, jamás da nombres.

—Esta mañana me levanté en cuanto oí cantar al gallo —dijo el señor gordito.

—¿Y qué hiciste a esa hora? —le preguntaron sus amigos.

—Gallo en mole verde.

El médico dijo que él ya no tenía nada más que hacer, que llamaran al cura. Llegó el cura y recomendó antibióticos.

Aquel regiomontano era tan ahorrativo, que a la luna de miel se llevó a su cuñada. Para que no se le gastara su esposa.

—Lo veo un poco cansado, colega —dijo un médico a otro—. ¿Por qué no se toma unas vacaciones?

—¡Imposible! Cada vez que salgo fuera se me cura la mitad de la clientela.

Las desgracias nunca vienen solas. Siempre las trae un cobrador.

—¿Es aquí donde solicitan una sirvienta? —preguntó la mujerona.

—Aquí es —repuso la señora—. ¿Tiene usted alguna recomendación?

—Claro que sí: que no ensucien demasiado la casa, pues yo no pienso deslomarme.

Cuando el mexicano se ve en un apuro económico, en vez de pensar en hacer un negocio, piensa en hacer una rifa.

En los Estados Unidos las estadísticas demostraron que los conductores automovilísticos alcoholizados causan más muertes que la guerra en Vietnam. Por lo cual el Pentágono ha decidido que los conductores de sus tanques deben tomarse medio litro de whisky antes de entrar en campaña.

Asegurarse la vida es la infinita amargura de comprender que, para valer algo, hay que morirse.

En la tienda de antigüedades se exhibían dos retratos al óleo del siglo XVIII.

—¿Quiénes son? —preguntó una señora.

—Antepasados —repuso el dependiente.

—¿De quién?

—De quien los compre.

—¿Cuándo comenzó a sentir esos dolores, amigo? —preguntó el médico.

—La hora exacta no la recuerdo, doctor —replicó el paciente—. Pero fue cuando le estaba diciendo piropos a una rubia y llegó el novio.

El ahorro es una gran virtud, sobre todo cuando son nuestros padres quienes lo han practicado.

El tornillo que tenía amores con una llave inglesa, le decía:

— ¡Apriétame fuerte, *darling!*

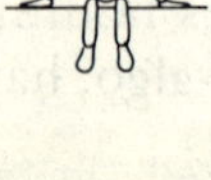

Lo bueno de los amnésicos es que no pueden escribir sus memorias.

El: — ¿Fui yo el primer hombre con quien hiciste el amor, nena?
Ella: —Puede ser. Tu cara me parece conocida.

— ¡Qué linda minifalda! —le dijo una amiga a otra.
—Esta no es minifalda, tontita. Es un cinturón.

Aquella señora hablaba con el corazón. Más que nada por el gran escote que llevaba.

La policía de la ciudad de México es la más culta del mundo, pues se pasa casi todo el tiempo en la Universidad y en el Politécnico.

Había un señor tan vanidoso, que cuando se asustaba no se le ponía carne de gallina, sino de pavo real.

Cuando el Cardenal Tedeschini era nuncio apostólico en España, solía jugar bridge con las damas de la aristocracia, una de las cuales le preguntó en cierta ocasión:

—Monseñor, ¿es pecado jugar el bridge en domingo?

A lo que el prelado contestó suavemente:

—Del modo que usted lo juega, es pecado hacerlo cualquier día de la semana, hija mía.

Lo malo de los minibikinis es que apenas dejan tres centímetros libres para la imaginación.

Llamamos prosperidad al lapso que media entre el pago de la última letra de un crédito y la primera del próximo.

Durante un programa de televisión, el maestro de ceremonias entrevistó a una señora del público que había ido con un chico.

—¿Cuántos hijos tiene usted? —le preguntó.

—Este y otro que viene en camino —repuso la señora.

El maestro de ceremonias la observó por la región abdominal.

—Pues no se le nota a usted nada...

—¿Y por qué se me iba a notar? Si mi hijo tiene quince años y viene en camión desde Mérida...

A la larga, un "¡manos arriba!" tiene consecuencias menos graves que un "yo también te quiero".

—¡La bolsa o la vida! —dijo el asaltante al regiomontano.

Y como no respondiera, volvió a conminarlo:

—¿No oyó lo que le dije?

—Sí, hombre, sí. Pero déjeme pensarlo...

La ópera es un espectáculo donde el individuo que ha recibido una cuchillada, en vez de perder sangre, canta.

No es cierto aquello de que "el que mucho abarca poco aprieta". Cualquiera que le haya tocado ir junto a un gordo en el camión puede atestiguarlo.

Si bien el dinero no lo es todo, por lo menos en la ancianidad lo mantiene a uno en contacto con sus hijos.

—Quiero un libro como aquel que está en el lado derecho del escaparate —dijo la señora nueva rica en una librería—, pero de un azul un poco más clarito.

—Perdone usted, ¿está don Cristóbal Colón?
—No, señor. Salió con la Niña.

Dice Efraín Kishon, humorista israelí:

"Los judíos tenemos un respeto sin límites por todo lo que sea manufacturado en el extranjero, lo cual se explica por dos razones fundamentales:

a) Un atávico complejo de inferioridad, que es el resultado de siglos de persecución y discriminaciones, y

b) Por la indiscutible calidad superior de los productos extranjeros".

El círculo tiene secante y no seca; tiene radio y no toca; tiene arco y flecha y no dispara; tiene cuerda y no se ahorca, y a veces lo llaman "círculo vicioso", sin que jamás se haya fumado un cigarrillo ni se haya tomado una copa.

El fígaro: —Su cara me es conocida. ¿No lo había yo rasurado antes?

El cliente: —No. Esta cicatriz me la hicieron en la revolución.

Un enfermo mental insistía en que se había tragado un caballo. El siquiatra que lo atendía decidió simular una operación. Llevó a su paciente a un quirófano, hizo que le administraran anestesia total y, mientras estaba inconsciente, ordenó que le trajeran un caballo negro a la sala de operaciones.

Cuando el paciente volvió en sí, el siquiatra señaló al caballo.

—Ya está usted curado, amigo —sonrió.

—No, doctor —movió la cabeza el enfermo—. El que yo me tragué era blanco.

—A ver —ordenó el cliente—, un guachinango a la veracruzana y una carne a la tampiqueña.

—Muy bien, señor —repuso el mesero—. Nada más

me quiere usted decir, ¿cuál de las dos señoritas que lo acompañan es la veracruzana y cuál la tampiqueña?

Era una señora tan meticulosa que cuando murió su marido e incineraron al cadáver, llegó al crematorio provista de un cenicero.

De los matrimonios entre personas de raza negra y personas de raza blanca nacen niños mulatos. Sobre todo si los esposos se son fieles.

En el menú hay de todo —dijo muy ufano el mesero.

—Ya lo veo —contestó el cliente—. Haga favor de traerme uno limpio.

A cada cucharada de sopa que le daba al nene, la señora decía:

—Esta para papá, ésta para mamá, ésta para abuelito, ésta para tu nana...

—Por favor, mamá —interrumpió el chico—, dada la crisis económica por la que atravesamos, te ruego que te limites a los parientes consanguíneos.

Los dos amigos discutían sobre mujeres.

—Yo insisto —dijo uno— en que siempre se puede saber quién es una dama por la forma en que se viste.

—Estás equivocado —repusó el otro—. Si realmente fuera una dama, cerraría la ventana.

Entre amigos:

— Oye: ¿y tu novia Leonor es discreta?

— Es tan discreta, que estamos comprometidos hace 6 meses y yo apenas me enteré ayer.

—Querido —dijo la recién casada sin levantar la vista de su tejido—: pronto seremos tres.

Y efectivamente, al poco tiempo se consiguió un amante.

En Yucatán dicen que en Campeche, y en Campeche dicen que en Yucatán, existió una fábrica que anunciaba la venta de hielo frío.

Hay personas que gozan trabajando todos los días de trece a catorce horas. Es decir, de la una a las dos de la tarde.

Al detenerse el tren en cierta estación de Sonora, una viajera observó con curiosidad a una india yaqui que llevaba a cuestas un bebé con ojos muy azules.

—¿Ese bebito es tu hijo? —le preguntó.

—Sí —repuso la india.

—¿Y cómo es que tiene los ojos tan azules?

—Es que es mitad yaqui y mitad ingeniero de la Comisión Federal de Electricidad.

Para ciertos inmigrantes el "hacer la América" consiste en deshacerla.

Las veletas en forma de gallo siempre nos hacen pensar que el kilo de pollo está por las nubes.

—¿Sabe el director que se derrumbó su oficina? —preguntó el jefe de los bomberos al llegar al manicomio.

—No, señor —contestaron los locos—. Por eso lo estamos desenterrando para avisarle.

—Tengo veinte testigos que lo vieron robar ese coche —dijo el fiscal al acusado.

—Pues yo puedo traerle cincuenta testigos que no me vieron robarlo...

—Doctor —dijo el paciente—, estoy muy preocupado. No veo nada más allá de diez metros.

—Es natural, amigo —lo tranquilizó el oculista—. Esta habitación sólo tiene cuatro por cuatro.

—¿Cuál es la capital de Dinamarca? —preguntó el maestro al niño.

—No se dice *la* capital, sino *el* capital —corrigió el chico, que era hijo de banquero.

—Estamos haciendo una promoción de estos ceniceros de cristal de roca —sonrió el vendedor ambulante.

—Gracias, pero yo no fumo —dijo el señor que había abierto la puerta.

—No importa —volvió a sonreír el vendedor—. Con cada cenicero que compre le obsequiamos un paquete de colillas.

Hay asaltantes tan progresistas, que cometen sus atracos al grito de: " ¡Manos arriba... y adelante!""

Era un señor tan lógico, que cuando llovía se refugiaba en una paragüería.

No te asustes porque hayas encontrado un ratón en la sopa. Más miedo tiene él que tú.

—Papá, ¿qué es una bancarrota? —preguntó el chico a su padre, un acaudalado hombre de negocios.

—Hijo mío —explicó éste—, una bancarrota es cuando los acreedores te quitan el saco y la camisa, pero tú has tenido la precaución de guardar el dinero en el bolsillo trasero del pantalón.

Cierta actriz cinematográfica se encontró con una antigua compañera de fatigas y le preguntó:

—¿Le eres fiel a tu marido?

—Naturalmente —contestó la amiga—. Y al tuyo también.

—Mamá, estoy aburrido y voy a dar una vuelta.

—Pero está lloviendo, hijo mío.

—Pierde cuidado, mamá, que no voy a salir del castillo. Voy a darle una vuelta a la manivela del potro de tortura, porque el prisionero hace mucho rato que no grita.

Ahora que la Real Academia de la Lengua ha decidido aceptar el neologismo "whisky", los fabricantes del rubio licor empezarán a anunciarse en la contraportada del diccionario.

Un optimista es simplemente alguien que no ha entendido la situación.

El cleptómano fue el precursor del autoservicio.

Según los borrachines, la hidropesía proviene del abuso del hielo en los jaiboles.

Había un tipo tan erudito, que cuando alguien le preguntaba la hora él respondía explicándole el mecanismo del reloj.

Se había reunido un gentío para contemplar un incendio. Uno de los curiosos exclamó:

—¡Qué barbaridad! ¡Cuando lleguen los bomberos ya no va a quedar nada!

—No se preocupe por eso —replicó otro—. Los bomberos ya no se divierten presenciando incendios.

En Inglaterra los perros están tan bien educados, que al pasar frente a un poste dicen que van a lavarse las manos.

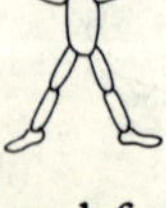

Caso terrible el de aquel fantasma a quien la criada

nueva en el castillo lo confundió con una sábana y lo metió en la lavadora automática.

Hay personas tan optimistas, que resuelven los crucigramas con tinta.

La señora gorda entró en la farmacia y preguntó:

—¿Funciona bien su báscula?

—Sí, señora —repuso el farmacéutico—. Así es que cuidadito se vaya usted a subir en ella.

Había un señor con tantos defectos físicos, que al llenar su solicitud para pasaporte y llegar al renglón de señas particulares, escribió: "Todo yo".

—Por el color de su cutis, señora —dijo el médico haciéndole una reverencia a la dama—, estoy seguro de que los tonos oscuros le deben sentar muy bien. Especialmente el negro. Y no se diga si lo lleva con velos.

— ¡Basta de evasivas, doctor! —exclamó la señora—. Dígame de una buena vez cómo salió mi marido de la operación...

Dice el proverbio que al que madruga, Dios lo ayuda. Lo único malo es que después tiene que esperar horas enteras para que lo reciban las personas importantes.

Mala suerte: la de aquel joven que estudiaba Derecho y terminó preso por izquierdista.

Lo bueno de la ley de gravedad es que no tiene nada que ver con los médicos.

Considerando el precio que hoy tienen los filetes de ternera, no nos extraña nada que en la India las vacas sean sagradas.

A aquel señor le decían "El Invierno", no por lo frío de su carácter, sino porque siempre estaba crudo.

Había un señor que tenía tantas arrugas en la frente, que en lugar de ponerse el sombrero se lo atornillaba.

¿Para qué crear fama y echarse a dormir, si con sólo echarnos a dormir podemos crear fama de dormilones?

Era una maestra tan anciana, que ya no enseñaba historia; simplemente la recordaba.

Un oficial árabe compareció ante una Corte Marcial y el juez le dijo:

—Se le acusa de vender secretos militares a nuestros enemigos israelíes. ¿Tiene algo que decir en su descargo?

—Sí, señor —repuso el oficial frotándose las manos—. Se los vendí carísimos, al riguroso contado y además eran de segunda mano.

Anuncio en un diario capitalino:

"Joven activo y ambicioso, con empleo actual, busca colocación con menos porvenir y más presente".

Hay países tan subdesarrollados, que en lugar de tener ministros sin cartera tienen ministros sin monedero.

Comentaba un viejo político:

—Cuando me preguntan si soy de izquierda o de derecha, me dan ganas de contestar lo que contestaba aquel borrachito, cuando le preguntaban si era de Campeche o de Yucatán.

—¿Y qué era lo que contestaba? —inquirió alguien.

—"Es igual. La cuestión es pasar el rato".

—En la Costa Azul ya desplazaron definitivamente al bikini y al monobikini —comentaba una chica bañista con su amiga.

—¿Qué usan ahora? —preguntó ésta.

—El trikini.

—¿Y en qué consiste?

—En gafas para el sol, collar y pulsera.

Le decían La Sorbona, no porque fuera una mujer inteligente, sino porque hacía mucho ruido al tomar la sopa.

No hay nada que entusiasme más a un automovilista chaparro que pasarse los altos.

Había un negro que se quejaba amargamente de su suerte y se daba a todos los diablos por haber nacido negro. Hasta que un día se le apareció el Señor y lo reconvino con dulzura:

—No deberías lamentarte. Si te hice negro, fue por tu bien.

—¿Cómo así, Señor?

—Te di una piel oscura, de fuerte pigmentación, para poder resistir impunemente los intensísimos rayos solares de la región ecuatorial. Te di esa boca tan grande y de labios abultados para que pudieras destazar la carne de los animales salvajes sin necesidad de cuchillo y tenedor. Te di ese pelo grueso y ensortijado para que no se te enredara en la maleza y las lianas de la selva. Te di esas piernas y esos brazos tan largos para que pudieras escapar ágilmente de las fieras que te acechan en el bosque.

—Gracias, Señor —repuso humildemente el negro—. ¿Pero podrías decirme entonces por qué me hiciste nacer en Chicago?

—El póquer es una pérdida de tiempo —le dijeron al adorador de Birján.

—Efectivamente —repuso—. Se pierde mucho tiempo barajando.

Resulta absurdo decir que un moribundo ha entrado en estado de coma, cuando en realidad se encuentra en estado de punto final.

Hay mujeres que tienen muy mala reputación y muy buen vestuario para probarlo.

Cuentan que un turista encontró en cierta ocasión a un indígena que iba montado en su burro, mientras que su esposa lo seguía a pie y cargada de bultos.

—¿Son tan desatentos los hombres de este pueblo que no ceden sus bestias a las damas? —preguntó

Y la mujer intervino filosóficamente:

—Los preferimos desatentos a que en la noche lleguen cansados.

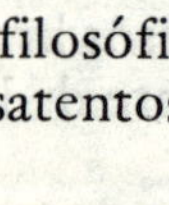

Una jovencita paró a Carlos Chávez en una calle y le pidió que estampara tres firmas en otras tantas páginas de su libro de autógrafos.

—Con mucho gusto, hija —sonrió el célebre director

de orquesta—. ¿Las otras son para tus amiguitas?

—No, maestro —explicó la chica—. Es que con tres autógrafos de usted puedo conseguir uno de Raphael...

La madre escribía versos que ninguno leía, el hijo novelas que nadie publicaba, la hija cartas de amor que ninguno respondía y el padre cheques que nadie aceptaba.

Resulta difícil entender a la gente. Si usted les dice que un avión ha ido de San Martín Texmelucan a Nueva York en media hora, o que en Nueva Zelanda ha nacido una criatura con trompa de elefante y uñas en las orejas, se lo creerán. Pero ponga usted sobre la puerta de su casa un letrerito que diga "Pintura fresca" y todos arrimarán el dedito para ver si es verdad.

No hay nada más agradable que presenciar el viento en popa, Sobre todo si la que navega lleva minifalda.

Se empieza siendo "vista" en la aduana, para luego hacerse de la vista gorda en la propia aduana.

El anciano llegó al infierno y vio a un ex condiscípulo suyo con una despampanante rubia sentada sobre sus rodillas.

—¡Ah, caray! —exclamó el recién llegado—. ¿Así purgas los pecados que cometiste en la Tierra?

—¡Qué va! —suspiró el carcamal—. Yo soy el castigo de esta señorita.

Lo bueno de la India es que a sus habitantes les dicen "indios" sin que se enojen.

La operación seguía su curso y el eminente cirujano le iba pidiendo a la enfermera:

—Bisturí... pinzas... tijeras... gasa... un besito.

El médico se encontró una vez con la esposa de un veterano y famoso actor, y le preguntó:

—¿Se toma su marido todas las tardes la copita de whisky que le recomendé para la hipertensión?

—¡Ya lo creo, doctor! —repuso la señora—. Usted sabe lo obediente que es él. Ya lleva por lo menos tres meses adelantados.

—¿Quince años? —preguntó la señora que estaba de visita—. ¿Dice usted que este muchacho tiene quince años? ¿Y cómo es que todavía anda con chupón?

La madre miró a su hijo con ojos tiernos.

—No hemos querido quitárselo —explicó—, para evitar que se vaya a aficionar a la mariguana.

Había un señor tan anticlerical, que comulgaba todos los días nada más para sacarle la lengua al cura.

Una chica que vendía cigarros en un centro nocturno de la Zona Rosa le confió muy triste a su compañera:

—Estoy envejeciendo a ojos vistas.

—¿Por qué lo dices? —preguntó la otra.

—Porque ahora los hombres ya empiezan a contar el dinero cuando les doy el vuelto.

—Un día encontré una aguja en un pajar. Desde entonces jamás he vuelto a sentarme sobre la paja.

El paciente entró en el consultorio del sicoanalista.

—Vengo a verle, doctor, porque padezco de amnesia.

—Vamos a ver —dijo el facultativo, sacando lápiz y papel—. ¿Desde cuándo?

—¿Desde cuándo qué, doctor?

El tartamudo fue consecuente consigo mismo hasta el final. Al morir, exhaló tres últimos suspiros.

En la primera década del siglo, cuando doña Victoria Eugenia se casó con don Alfonso XIII, la Corte de Madrid se vio muy afectada por la impuntualidad de la soberana.

—No olvidéis, majestad —le dijo en cierta ocasión el duque de Alba— que la puntualidad es la cortesía de los reyes.

—Y vos no olvidéis, duque —replicó la augusta señora—, que yo no soy rey, sino reina.

Crees conocer bien a tu mujer, pero nunca conocerás a tu viuda.

Cuando los beduinos del desierto acometen una obra en común, cada uno pone su toneladita de arena.

Sería bueno que las mujeres usaran siempre pantalones para que se revisaran sus propios bolsillos.

Dicen que la actual generación de jóvenes es mucho más sincera que la nuestra. Esperen a que tengan que hacer sus declaraciones de ingresos a Hacienda.

Se llamaba Angustias, posiblemente por las que sufría cada vez que oía venir a su marido y tenía un visitante en la recámara.

Hay personas que tienen una solución para cada cosa, hasta que esa cosa les ocurre a ellas.

El acto de guiñar un ojo a las mujeres para conquistarlas, es un atavismo de cuando en la Edad de Piedra se cerraba un ojo para atinarle mejor con la cachiporra.

El único trabajo en el cual se puede comenzar desde arriba es el de hacer pozos.

Si a los pecados mortales se les llama capitales, ¿por qué a los veniales no se les llama de provincia?

Comentario de un capitalista cuando pasa por la calle y ve un letrero de "Hombres Trabajando":

– ¡Y Dios quiera que no nos falten!

A la Orquesta Sinfónica de Monterrey le piden *Los Bosques de Viena* y toca *Dos arbolitos*.

Después de examinar minuciosamente a la chica, el facultativo dijo a la madre:

—Pues señora, me parece que su hija está muy bien.

—Ya lo sé, doctor —repuso la matrona—. Si se lo dicen constantemente en la calle.

Los altos y los chaparros sólo se dieron cuenta de que lo eran cuando se encontraron.

—Antes de concederle la mano de mi hija, joven —carraspeó el adusto padre—, debo hacerle una pregunta: ¿le gustan a usted los niños?

—¡Me encantan, señor! —exclamó el pretendiente.

—Magnífico. Porque Martita ya tiene dos.

Un loco: —¿Es verdad que tú inventaste los instrumentos de viento?

El otro loco: —No, yo nada más inventé el viento.

La televisión es un ruido visual.

La maestra (al alumno nuevo): —¿Cómo se llama tu papá?

El niño: —No tengo papá.

La maestra: —¿Y tu mamá?

El niño: —No tengo mamá.

La maestra: — ¡Pobrecito! ¿Cuándo murieron tus padres?

El niño: —Nunca tuve padres.

La maestra: —¿Entonces cómo viniste al mundo?

El niño: —Un novio le tomó el pelo a mi tía.

Siempre que me es posible —dijo el gerente de aquella importante empresa—, permito a mis empleados que participen en mis monólogos.

El buen abogado jamás admite que se ha equivocado. A lo sumo acepta no haberse explicado con claridad.

El eminente orador sagrado bajó del púlpito y se encontró con un jorobado que lo estaba esperando.

—Padre —le dijo—, usted acaba de predicar que Dios hizo bien todas las cosas. Sin embargo, mire cómo me hizo a mí.

—No veo por qué te quejas —respondió el teólogo—. Para ser jorobado, no estás tan mal hecho.

¿Cuál es la enfermedad?

Del vaquero: tisis galopante.

Del astrónomo: trastornos en el plexo solar.

Del marino: riñón flotante.

De la taquígrafa: taquicardia.

Del director de un conjunto musical: conjuntivitis.

Del electricista: hipertensión.

De las criadas: fragilidad de los vasos.

Del maestro: secuelas primarias.

Del cantinero: gota.

Del vendedor de tabaco: pruritos.

Del ganadero: fiebre del heno.

De la telefonista: distrofia auricular.

Una dama de sociedad le preguntó a un solterón empedernido si le gustaban los niños.

—Sí —replicó éste—, pero nada más cuando lloran.

—¿Nada más cuando lloran? ¿Y por qué?

—Porque es el momento en que alguien viene y se los lleva.

En un restaurant de Tel Aviv se lee la siguiente advertencia:

"En caso de ataque enemigo, permanezca en calma, PAGUE LA CUENTA y después corra a guarecerse en el refugio antiaéreo más cercano".

—¿Cuál será un lugar seguro en caso de una explosión nuclear?

—Donde puedas decir "¿Qué fue eso?".

La ventaja de vivir en Cuba o en la Unión Soviética (dicen los entendidos), es que no tiene uno que preocuparse por la amenaza comunista.

Salía un hombre de una farmacia con un bulto en la mano, cuando lo abordó un amigo.

—¿Qué te pasa? ¿Estás enfermo? —le preguntó.

—No, ¿por qué?

—Es que como te veo salir de la farmacia.

—También me has visto salir del cementerio —repuso el otro—, sin que ello signifique necesariamente que esté muerto.

El único animal que no entró con su pareja en el arca de Noé, fue la solitaria.

—Tenemos que emocionar al juez de alguna manera —dijo el abogado defensor al acusado—. Creo que podríamos lograr más fácilmente su absolución, por ejemplo, si su mujer solloza durante el juicio.

—Nada más que tendrá que ser la mujer de usted, licenciado —sonrió el reo—, porque recuerde que yo estoy aquí por haber matado a la mía.

El maestro explicó en la clase que si un albañil tarda diez días en levantar un muro, diez albañiles lo levantarían en un solo día.

De donde el chico avispado dedujo que si un avión tarda siete horas en llegar de México a París, siete aviones llegarán en una sola hora.

En osteología hay huesos cortos, como las vértebras, y huesos largos, como el fémur. En política, todo depende de qué tan adelantado vaya el sexenio.

El grupo de exploradores que llevaban tres meses de estar perdidos en la jungla, se pusieron en cuatro pies y bebieron ávidamente en la orilla del río.

—¡Bendito sea Dios! —exclamó el guía—. Ya estamos cerca de la civilización: esta agua está contaminada.

Utilizamos la palabra "moderno" para justificar con frecuencia aquello que no tiene ningún otro mérito (Proverbio tibetano).

El ancianito de noventa años fue a ver a su médico para que le hiciera un análisis de sangre y un reconocimiento general antes de contraer matrimonio.

—Dígame, don Juan —preguntó el doctor al terminar de examinarlo—: ¿A su edad realmente quiere casarse?

—No es que quiera —repuso el viejo con tristeza—. Pero es que soy un caballero.

En una lujosa clínica de maternidad en Suiza, numerosos padres recientes observaban a través del gran panel de cristal a sus respectivos retoños reunidos en una sala. Uno de ellos le preguntó a un príncipe de Arabia Saudita que estaba a su lado:

—¿Y el suyo cuál es?

—Las dos primeras filas —repuso orgullosamente el señor de la piochita.

Un cocodrilo es una cartera en estado salvaje.

Anuncio publicado en un diario capitalino:
"Cambio planta carnívora por animal herbívoro".

—Veo a una mujer rubia y de ojos verdes en su vida —dijo la adivina.

— ¡Ya lo sé! —exclamó el cliente con impaciencia—. Lo que quiero que averigüe es si va a desaparecer...

El mago metió la mano en la chistera y sacó una paloma. Volvió a meter la mano y sacó un conejo. Por tercera vez introdujo la mano en el sombrero de copa y sacó nuevamente una paloma. Luego le dijo a su mujer:

—Lo siento, María Luisa. Hoy no hay guachinango.

Comentando la carrera espacial entre Rusia y Estados Unidos, decía un especialista norteamericano:

—Lo que sucede es que los técnicos alemanes que tenemos nosotros son mejores que los técnicos alemanes que tienen los soviéticos.

Los únicos que le sacan provecho a la papada son los carniceros y los violinistas.

—Muchachos —dijo el jefe de la banda—, es hora de progresar. En vez de asaltar bancos, vamos a poner uno.

Un coleccionista regiomontano dijo que si el Picasso que había comprado resultaba falso, exigiría la devolución de sus diez pesos.

Dicen que la propina denigra al individuo que la recibe. Pero si no la recibe, el individuo lo denigra a usted con un insulto.

Todo un caso. El de aquel criminal que había asesinado a seis, pero en la soledad de su celda no encontraba la manera de matar el tiempo.

—Cuando yo estaba recién casada —comentó la abuelita—, cada vez que Pepe, mi marido, me dirigía la palabra, me ruborizaba yo y me ponía colorada como un tomate.

—Es que las mujeres eran entonces muy recatadas, ¿verdad abuelita? —dijo la nieta quinceañera.

—No tanto. Es que tú no sabes la boca que tenía tu abuelo.

—Mi hijo se recibió de abogado a los quince años —dijo el señor aquel a sus contertulios.

— ¡Caray, qué maravilla! —comentó uno—. Tu hijo debe ser un genio.

—No creas. Casi todos sus compañeros tardaron sólo cinco o seis años en recibirse.

—Mi mayor deseo —confió un vietnamita a otro— es el de llegar a ser jefe de personal en una gran fábrica norteamericana.

—¿Para qué? —preguntó el otro.

—Para poder gritar "Yankee go home!" a la hora de la salida y ver que efectivamente se largan a sus casas.

Era un bebé tan enorme, que en vez de nombre de pila le pusieron nombre de acumulador.

—Y aquí tenemos a la célebre Gioconda, de Leonardo de Vinci —explicó el guía del museo del Louvre a un grupo de turistas mexicanos.

— ¡Qué curioso! —exclamó una señora del grupo—. Es igualita a un calendario que tengo en la cocina allá en Tacubaya.

El ideal de toda mujer es casarse y tener un hogar. Sin embargo, una vez que lo consigue, sólo se siente satisfecha cuando el marido está en la oficina, los chicos mayorcitos en la escuela y el nene más pequeño en el parque con la nana.

Teniendo en cuenta que la puntualidad no es una de nuestras virtudes, puede decirse que el mexicano es un individuo que siempre tiene prisa por llegar tarde.

Antes de la operación, el cirujano informó al paciente:

—Con anestesia general, la operación le sale en cinco mil pesos. Con anestesia local, en dos mil quinientos.

— ¡Caray, doctor! —dijo el paciente, que era regiomontano—. ¿Y en cuánto me sale nomás mordiendo el pañuelo?

El mendigo extendió la mano y le dijo al que pasaba:
—No he comido en todo el día, señor.
—¡Entonces usted me viene al pelo! —exclamó el otro—. Precisamente ando buscando a alguien que quiera donar sangre.

Hay médicos que nos llenan de deudas y otros que nos llenan de deudos.

En un cementerio de Verona, Italia, en el monumento a los caídos en la Segunda Guerra Mundial, figura una enorme lápida con la lista de los combatientes locales fallecidos. Pero debajo de la lista se encuentra la siguiente línea:
"Los muertos señalados con asterisco han vuelto, porque no estaban muertos".

En el campamento nudista había un hombre cuyas barbas eran tan largas que le cubrían gran parte del cuerpo. Un visitante le preguntó por qué no se las cortaba y él respondió:
—No puedo. Yo soy el que sale a hacer las compras.

—¡Me pagó usted con un cheque de hule! —vociferó el comerciante blandiendo el documento en la mano.

—Sí, señor —admitió el cliente—. Pero como me lo han devuelto tantas veces, observe usted que está vulcanizado.

¿Con quién se compararían los chaparros si Napoleón hubiera sido alto y los buenos perfumes vinieran en garrafas?

—Yo no trabajo por lucro —dijo el próspero hombre de negocios— sino para satisfacer mi desmedido afán de consumo.

El encargado de hacer sonar todas las tardes el silbato de una fábrica, invariablemente ponía su reloj de acuerdo con el que veía en el escaparate de una joyería, camino de su trabajo.

Al cabo de muchos años de hacer esto, un día le preguntó al joyero:

—¿Usted pone el reloj del escaparate con la hora del observatorio?

—No —repuso el joyero—. Lo pongo todas las tardes a las cinco, cuando suena el silbato de la fábrica. Siempre está exacto.

Se lo digo por última vez, amigo —conminó el médico al paciente—: deje usted de fumar.

—Ya lo intenté, doctor, pero no puedo.

—Bueno, entonces por lo menos use un cenicero. La próxima vez que vuelva a tirar las colillas en el piso, lo saco a patadas del consultorio.

El muchacho fue a pedir la mano de su novia. Con expresión severa, el padre de ella le preguntó:

—¿Está usted en condiciones de mantener una familia, joven?

—Por supuesto, señor —afirmó el pretendiente.

—¿Está seguro? —insistió el padre de la chica—. Mire que nosotros somos nueve...

Se apellidaba Mirón, pero era muy miope.

El provinciano que se había radicado en la capital le contaba a un amigo:

—Yo vivía en un poblacho de mala muerte, donde la única distracción consistía en ir a la estación para ver pasar el tren.

—¿Y por eso te viniste a vivir a México? —preguntó el amigo.

—Claro. Aquí hay más estaciones y entran y salen mucho más trenes.

Una señora nueva rica compró una cama antigua sin reparar en el precio, pero al día siguiente le escribió una nota al anticuario:

"Lamento decirle que la cama modelo Luis XV que me vendió ayer resulta un poco estrecha para nosotros, pues mi marido está un poco grueso. Le ruego decirme si me la puede cambiar por una Luis XVI o Luis XVII".

El capitán entró en la tienda de campaña del general en jefe y le anunció:

—Interceptamos un mensaje secreto del enemigo, mi general. Piensan atacarnos por sorpresa.

—Bueno, entonces ordene a nuestros soldados que cuando los vean pongan cara de asombro. No me gusta ser aguafiestas.

Aquel chiquillo griego era muy inteligente. Al año y medio de edad, ya pedía hacer 3.1416, 3.1416...

—¡Sana, sana, colita de rana! —canturreó el chico.
—¡Niño! —le gritó la madre—. ¿Ya volviste a pisarle la cola a esa pobre rana?

Ludovico Ariosto, que supo describir suntuosos palacios en su *Orlando Furioso*, vivía sin embargo en una casa sumamente humilde.

—¿Cómo puede usted hablar de moradas tan bellas viviendo tan pobremente? —le preguntaron en cierta ocasión.

—Porque es más difícil juntar piedras que palabras —suspiró el poeta.

El infierno es un lugar donde el cocinero es inglés; el despensero, judío; el policía, alemán; el juez, ruso; el encargado de los baños, francés; el recaudador de impuestos, norteamericano; el capataz, español; el cantante, argentino; los soldados irlandeses; el verdugo, chino. Y los políticos, mexicanos.

—¿Podrías decirme las capitales de cinco países europeos? —pidió un chico, que estaba haciendo la tarea, a un tío suyo muy aficionado a la botella.

—Por supuesto —respondió éste—. Ve anotando; Suiza, capital Ginebra; Portugal, capital Oporto; Italia, capital Chianti; España, capital Jerez. Francia...

—¿Francia? —insistió el muchacho.

—Francia tiene cuatro capitales, a saber: Burdeos, Borgoña, Champaña y Coñac.

En el circo lo único que cambia es que cada cien años compran elefantes nuevos.

—He descubierto un buen truco —dijo un escocés a un regiomontano—: cuando voy con mi novia al cine, la cito dentro de la sala. De esta manera ella tiene que pagarse su entrada. ¿Por qué no haces lo mismo?

—Ni loco que estuviera —repuso Garza Garza y de la Garza—. Así tendría yo que pagar mi propia entrada.

Había un cirujano que se creía tan bien parecido, que se negaba a ponerse la máscara para operar.

Dos borrachitos estaban en un extremo de la barra brindando con harta frecuencia y abrazándose efusivamente.

—¿Qué les pasa a esos dos? —preguntó otro cliente—. ¿Se sacaron la lotería o es el día de su santo?

—No —repuso el cantinero—. Es que compraron

una Historia de México por fascículos y ahorita van en la batalla del Monte de las Cruces, que ganaron los insurgentes del señor cura Hidalgo contra las tropas realistas del teniente coronel Trujillo.

Don Ramón Menéndez Pidal, el célebre filólogo español que llegó casi a los cien años de edad, se encontró ya nonagenario con un compañero de generación que le gritó alborozado:

—Parece que la muerte se ha olvidado de nosotros, ¿eh?

Y don Ramón, tapándole la boca, susurró:

— ¡Chssst!

—Un boleto pa' Esperanza —dijo el ranchero en la ventanilla de la estación de ferrocarril.

—¿Para cuál Esperanza? —preguntó a su vez el empleado—. ¿Esperanza, Chihuahua? ¿Esperanza, Sonora? ¿Esperanza, Sinaloa? ¿Esperanza, Puebla? ¿Esperanza, Jalisco? ¿Esperanza, Tabasco? ¿Esperanza, Veracruz?

—No, siñor. Pa'Esperanza, m'hija.

Las diversiones y los goces se asemejan a los seguros de vida: cuanto más viejo es uno, más cuestan.

La reversa se inventó cuando alguien puso al buey detrás de la carreta.

—Rosa —dijo el ocupado hombre de negocios a la sirvienta que contestó el teléfono de su casa—: ¿Está la señora?

—No, señor.

—Bueno, cuando llegue dile simplemente que el señor no irá a dormir esta noche.

—Muy bien, señor. ¿De parte de quién, por favor?

El turista africano llegó a Nueva York y se dirigió a un policía en la Quinta Avenida.

—Perdone usted —le dijo—, ¿sería tan amable de indicarme dónde puedo encontrar un hombre-sandwich?

Letrero en una empresa regiomontana:

"PAGOS: Unicamente los sábados de 9.30 a 9.35 a.m.".

Lo bueno de las notas necrológicas es que en ellas no figura el nombre del médico.

Hay matrimonios que deberían celebrar sus bodas de plata guardando un minuto de silencio.

Aquella mala mujer había destruido tantos hogares, que en el directorio telefónico su número aparecía en la sección de "Demoliciones".

El mendigo gordito se acercó a una señora en la parada del camión.

—Hace cinco días que no como —le dijo—. ¿No me regala usted un veinte?

—¿Y qué puede comer con un veinte? —inquirió la dama—.

—No es para comer —sonrió el pordiosero señalando una báscula cercana—. Es para ver cuántos kilos he bajado de peso.

—Hace un mes que no le hablo a mi mujer —confió un amigo a otro.

—¿Y por qué?

—Por no interrumpirla.

La buena suerte atribuida al frotar un billete de lotería en la corcova de un jorobado, consiste en que el jorobado en cuestión no se vuelva y nos arrée un estacazo.

—Ponga usted su nombre completo y sus dos apellidos —dijo el empleado al solicitante, entregándole una forma para llenar.

—Es que yo sólo tengo un apellido.

—Bueno, entonces subráyelo.

—¿Por qué le pone usted una cubierta a su acuario? —preguntó un invitado a la señora de la casa—. ¿Es para que los peces se duerman más temprano?

—No. Es para que no se impresionen. Tenemos guachinango a la veracruzana para la cena.

—¿Cuánto cuesta este collar de perlas? —preguntó un señor al joyero.

—Mil dólares.

— ¡Caracho! ¿Y este otro?

—Dos carachos.

—¿A qué hora quiere usted que lo despierten? —preguntó la guapa y joven recepcionista del hotel al agente viajero.

—A las ocho de la mañana y con un beso.

—Muy bien. Le avisaré al elevadorista.

El regiomontano entró en un restaurante de mucho postín en la Zona Rosa de la ciudad de México y preguntó cuánto costaba una cerveza.

—Mil pesos —le informó el camarero.

— ¡Qué barbaridad! ¿Por qué tan cara?

—Por el derecho de mesa. Si va usted a la barra y se la toma de pie, le costará solamente quinientos.

El señor Treviño fue a la barra y pidió una cerveza manteniendo una pierna en alto.

Cierta actriz acababa de representar un papel masculino en una obra de teatro y regresó muy desconsolada a su camerino.

— ¡Qué horror! —exclamó—. La mitad del público creyó que realmente soy un hombre.

—No te preocupes —la tranquilizó una compañera—. La otra mitad sabe por experiencia que no lo eres.

Se sentía más frustrado que un carterista en una convención de nudistas...

Personas que estuvieron a punto de hacerse famosas.

Don Miguel de Saavedra Cervantes
Isabel la Adventista del Séptimo Día
Doña Josefa Domínguez de Ortíz
Don Jovito Juárez
Don Fidel Velasco

Había un señor que prefería irse de vacaciones a la montaña, pues decía que la playa le recordaba su trabajo. Se dedicaba a aplicar inyecciones.

La viuda fue a un centro espiritista y le pidió a la médium que se comunicara con su difunto esposo, para preguntarle dónde había dejado la póliza de su seguro.

Anuncio en un diario capitalino:

"Se ofrece secretaria de buena presencia, pero sin pretensiones matrimoniales".

Un periodista británico aprovechó un momento de descanso en el rodaje de una película de Elizabeth Taylor, para preguntar a Richard Burton, su marido:

—¿Qué se siente estar casado con una celebridad?

A lo que repuso el actor secamente:

—Pregúntele a mi esposa.

—Pepe —dijo la señora a su marido—: quiero que me concedas el divorcio.

—De ninguna manera —repuso éste—. Yo acostumbro quedarme viudo por la iglesia.

Hay señores que se consideran monógamos porque sólo les gustan las chicas monas.

Jorge Luis Borges cuenta que una vez sonó el teléfono en cierta delegación de policía de Buenos Aires.

—Dígale al comandante —denunció una voz anónima— que mañana al amanecer habrá un duelo en el parque San Martín, junto a la fuente central.

—Se agradece el informe, che, pero ya lo sabíamos

—respondió el agente de turno—. Hace un rato habló el otro duelista.

Hay personas que viajan para olvidar, y cuando abren las maletas comprueban que efectivamente han olvidado muchas cosas.

La dama beligerante fue a ver a una adivinadora y ésta le dijo:

—Su marido morirá de una muerte violenta.

—Ya lo sé —repuso la viuda en potencia—. Lo que me interesa saber es si me absolverán.

Una joven viuda se casó con el hermano de su marido. Después, al enseñar la foto del difunto, decía:

—Este es el retrato de mi pobre cuñado, que era mi marido y hermano de mi marido cuando éste era mi cuñado.

La viajera solterona depositó sobre el mostrador de la aduana una cesta de la que escurría un hilito de líquido ámbar.

—¿Whisky? —preguntó el aduanero.

—No —repuso la viajera—. Fox terrier.

Letrero en un cementerio de ejidatarios:
"La tierra resultó ser para quien la abona".

Hay actrices cinematográficas que pierden tanto la línea, que después sólo pueden filmar para cinemascope.

A aquel señor sólo le gustaban dos tipos de mujeres: la suya y las ajenas.

Hay mujeres tan ardientes, que la línea del amor en la palma de la mano les hace una arruga en el guante.

Si fuera cierto aquello de que los viajes ilustran, las aves migratorias y las azafatas serían verdaderas inciclopedias.

Partir es morir un poco, dicen los italianos.

Sobre todo cuando lo parten a uno de un machetazo, agregamos los mexicanos.

Había un astrónomo israelí tan apasionado, que azuzó a la constelación de Can Mayor contra Sirio.

Lo peor que se le puede hacer a un camarón, es invitarlo a un coctel.

En la actualidad se construye con tanta prisa en México, que muchos edificios se caen de nuevos.

Lo bueno de la música de Verdi, es que descansa la vista.

Aquella chica llevaba una minifalda tan corta, que enseñaba los senos.

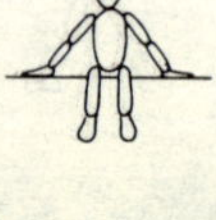

El día en que Picasso cumplió noventa años, uno de sus pocos amigos fue a felicitarlo y le preguntó cómo se sentía.

—A mi edad —repuso el maestro—, uno solamente puede estar bien o estar muerto.

Era una pulga tan irascible, que tenía muy malos perros.

—Dime la verdad, mentecato —rugió la esposa celosa—: ¿De quién es este cabello rubio?

—¿Cómo quieres que lo sepa? —se disculpó el marido—. Hoy vinieron como treinta clientes a la peluquería.

El joven funcionario dictaba a su secretaria:

"En la inteligencia de que el próximo jueves procederemos a designar la comisión coordinadora correspondiente..."

—¿Cómo se escribe jueves, licenciado? —interrumpió la empleada—. ¿Con be grande o con ve chica?

El joven funcionario dudó unos instantes.

—Ponga usted que la designaremos el miércoles.

Según los nacionalistas acérrimos, en México la jota se debe bailar con equis.

Según una noticia de prensa, dentro de tres años empezarán a usarse automóviles eléctricos en Alemania. Lo que no se dice es a qué distancia podrán alejarse de los enchufes.

Hay hombres tan modestos, que firman sus cheques con los nombres de otras personas.

El sentido del humor consiste en reírse de algo que no tendría ninguna gracia si le ocurriera a uno.

—Ha de ser horrible eso de tener azúcar en la sangre —comentó un borrachito.

—¡Ya lo creo! —convino su compañero—. Sobre todo en terrones.

Una de las principales causas del alto índice de analfabetismo en México, es que en las cercanías de los colegios ponen letreros que dicen: "¡Cuidado! ¡Escuela!"

Para las potencias capitalistas la colaboración consiste en quitarle el reloj al vecino y luego darle la hora.

Siglos después de haber muerto el último hombre sobre la Tierra, las computadoras electrónicas continuaban la guerra.

Durante el velorio de la célebre actriz, sus amigas lloraban desconsoladas, a la vez que enumeraban las virtudes de la desaparecida.

—¡Era tan joven! —gimió una.

—¡Pobrecita! No tenía más que 35 años... —suspiró otra.

—38 —rectificó la anterior.

Y siguió llorando tan desconsolada como antes.

En el Congreso de la Unión, los diputados regiomontanos son campeones en oratoria: hablan por los codos.

Hubo una dama nueva rica que le ofreció a Puccini una institutriz inglesa para que le enseñara modales a La Tosca.

—Señora —dijo el pediatra a la joven mamá—: no deje usted que el bebé se acostumbre a los brazos.

—¡Ay, doctor! —repuso la madre—. Es que no tengo corazón para cortárselos...

Después de la muerte de Mozart, su viuda se trasladó a Copenhague, donde al cabo de algún tiempo se volvió a casar. Muerto también su segundo marido, la señora hizo grabar sobre la lápida:

"Aquí yace el segundo marido de la viuda de Mozart".

Hubo un señor que jamás pudo con las matemáticas, pero que murió por tener cálculos en la vejiga.

Le decían "el genio". No por sus poderes sobrenaturales, sino porque se aparecía cada vez que abrían una botella.

Lo primero que hacen los ratones cuando se compran un automóvil, es abrir la caja de herramientas y tirar el gato.

El visitante que hacía antesala en una oficina de Monterrey se alarmó al escuchar unos gritos espantosos.

—¿Quién grita así? —preguntó.

—Es el jefe —informó una secretaria—. Está hablando con México.

—¡Pero si de aquí a México se oye perfectamente bien!

—Sí, pero es que nosotros sólo usamos el teléfono para las llamadas locales.

—¿Ser verdad que aquí en México ostedes tener personas que convertirse en animales? —preguntó el antropólogo gringo a un campesino.

—Claro que sí, míster.

—¿Ser los llamados nahuales? —se mostró interesado el científico, sacando su libreta de apuntes.

—Pos sí —se rascó la pelambre el ejidatario—; pero

más que nada tenemos juncionarios del gobierno que se hacen güeyes.

Cosas que nos revientan:

Que un día de fiesta caiga en domingo.

Que una deliciosa criatura nos diga: "Qué bien conservado está usted".

Que en el preciso momento de llegar a nuestro destino, el taxímetro haga "clic" y marque diez pesos más.

Que el tipo cuyo periódico venimos leyendo en el camión, dé vuelta a la página.

El hijo del secretario de Educación Pública regresó a casa, después de sustentar exámenes.

—¿Cómo te fue? —le preguntó el ministro.

—Muy bien. Saqué diez en todo.

—¿Qué te preguntaron?

—Si era hijo tuyo.

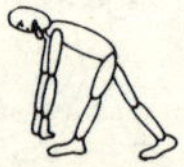

A pesar de tanto gargarismo y tanta pasta dentífrica como hay en el mercado, el mejor remedio contra el mal aliento sigue siendo el teléfono.

En el gabinete del presidente anterior no había ministros con cartera, sino con maleta.

El aviso oportuno en Animalandia

Burro jubilado, tras veinticinco años de trabajar en noria, ofrécese para hacer algún papelito en el cine o en propaganda turística. Pretensiones módicas.

Cotorra muy anciana y enferma de las articulaciones, traspasa solterona de edad por no poder atenderla.

Gata sola, muy amante de las personas formales, busca matrimonio sin hijos pero con ratones, para compañía. Sueldo a convenir.

Grillo muy friolento busca señor que le ofrezca lugar calientito para pasar el invierno, prometiendo cantar poco.

Extraviado domador zona circo. Muy peligroso por llevar varios días sin comer. Se gratificará a quien lo devuelva. Abstenerse rotarios.

Mono sabio da clases a domicilio sobre orígenes de la especie humana.

Compro manzanas, cualquier cantidad. Comunicarse con la serpiente.

Toro joven ofrécese para ser lidiado ante público exclusivamente norteamericano.

Antes de auscultar a la señora anciana, el médico dice a la enfermera:

—Haga favor de traerme la historia clínica de esta señora.

—Muy bien, doctor ¿Qué volumen?

Lo que más preocupa a los gordos, es que si no se preocupan aumentan de peso.

—Anoche tuve una pesadilla horrible —contaba un señor a sus amigos en el café—. Soñé que estaba en una isla desierta con una linda chica.

—¿Y qué tiene eso de horrible? —preguntó uno—. A mí me hubiera parecido un sueño delicioso.

—Es que yo era ella y ella era yo. Y claro, no me hice el menor caso.

Aquel ciudadano era tan dado a llevar la contraria, que se fue a poner un puesto de aguas frescas en Aguascalientes.

El fabricante de sostenes lanzó tres nuevos modelos: Modelo "Tirano": oprime a las masas.

Modelo "Aumento de Sueldos": fomenta la inflación.

Modelo "Justicia Social": levanta a los caídos.

En diciembre, la temperatura constituye el mayor placer de los mexicanos: es lo único que baja.

Hay más de 600,000 clases distintas de insectos, sin contar a las personas que odiamos.

Entre otras cosas, el regiomontano dispuso en su testamento: "Dejo a mi primo Federico todo lo que me debe".

—Dice mi novio que la virginidad no es más que un estado de ánimo —dijo una chica a otra.

—Debe ser verdad. Con razón últimamente te noto bastante desanimada.

Nunca hay que gritar

¡Fuego! Cuando se le pide un cerillo a un amigo al pasar frente a un cuartel de bomberos.

¡Socorro! Al estar en una piscina y ver que acaba de llegar Socorrito Sánchez, la güera del Jurídico.

¡Brujas! Cuando vamos a poner un paquete postal con destino a dicha ciudad de Bélgica, y las empleadas de Correos están platicando.

¡El pan! Al pasar frente a las oficinas del PRI, siendo uno panadero.

¡Aguas! En una lechería.

En los bancos de sangre, las cuentas no se congelan, sino que se coagulan; los sistemas de alarma no son contra asaltantes, sino contra vampiros; los depósitos no producen intereses, sino glóbulos rojos; los altos funcionarios no son venales, sino arteriales; el activo, circula; y en lugar de ideas modernas, se aferran a la anacrónica y reaccionaria hemofilia.

Hay músicos que tapan las botellas con corcheas.

Mientras Edison inventaba el foco eléctrico, su mujer daba a luz.

Hay caballos que a pesar de su mal carácter nunca pierden los estribos. Lo que pierden es el jinete.

Era un hombre que hablaba muy poco. Su frase favorita era "A buen entendedor, pocas palabras". Un día llamó a la compañía de aviación.

—¿Podría usted decirme cuánto tarda el vuelo de México a Veracruz? —preguntó.

Del otro extremo de la línea una voz femenina le respondió:

—Un momentito, señor...

Y entonces colgó el teléfono, satisfecho.

El padre de familia, acompañado de su mujer, dos nanas y once criaturas, preguntó en la ventanilla de una pequeña estación de ferrocarril:

—¿Hay algún tren, de carga o de pasajeros, que vaya ahora hacia el norte?

—No, señor —contestó el empleado.

—¿Y alguno que vaya hacia el sur?

—Tampoco.

Entonces el señor se volvió a su familia y les dijo:

—Apúrense. Ahorita podemos cruzar la vía.

—Para setenta años —dijo el médico a su paciente—, su salud es perfecta. El problema es que sólo tiene usted treinta.

Todo un caso era el de aquel niño prodigio que tocaba el piano de oído hasta que se le hincharon las orejas.

—Para contribuir al abaratamiento de la vida —dijo aquel motociclista de tránsito—, he decidido rebajar mis mordidas en un veinticinco por ciento.

Si quiere usted ver triplicado su sueldo, ponga dos espejos en ángulo y coloque los billetes en el vértice.

—Padre —dijo muy alarmada la chica soltera a su confesor—: ¿Se acuerda usted de aquella oración tan efectiva que le dio a mi hermana, la casada, para tener niños? Pues yo la leí por pura equivocación, padre, y ahora mire uste el tremendo lío en que me he metido...

—¿Cuál es su última voluntad? —le preguntaron al reo a punto de ser ejecutado.

—Salir en la televisión —repuso—, pero antes de los comerciales.

Los que están libres de pecado no suelen tirar piedras. Se las tiran a ellos.

Había un tipo tan mediocre, que cuando una gitana le leyó las rayas de la mano, se quedó dormida.

Y otro que se jactaba de ser un hombre muy derecho. Hasta que le dio lumbago.

Y uno más que al llegar a viejo se hizo rabo verde, y entonces en lugar de sangre le empezó a circular clorofila.

Cuando al borrachito le recetaron dos huevos crudos por la mañana, lo primero que hizo fue inyectarles tequila la noche anterior.

Aquella chica tenía una cosa entre ceja y ceja que la ponía furiosa: más ceja.

Lo que menos pensó Karl Marx cuando escribió "El Capital", fue que su obra iba a producir un capital.

En México la sociedad se compone de dos grandes clases, a saber: los que tienen más desayunos que apetito y los que tienen más apetito que desayunos.

La muchacha fue al consultorio del célebre cirujano plástico.

—Doctor —le dijo—, quiero que me haga una naricita como la de Elizabeth Taylor.

—Muy bien, señorita —sonrió el artífice—. Con la de usted nos salen cinco de ellas y sobra para una de Richard Burton.

—¡Te amo, María Luisa! —suspiró el galán—. ¿Quisieras ser mi esposa?

—No sé —respondió la chica—. Yo a tu esposa ni siquiera la conozco.

El pediatra se frotó las manos y le dijo a su esposa:

—¡Tres sarampiones más y podremos cambiar el coche!

Hay hombres que son un pozo de sabiduría, pero carecen de agua fresca.

Comentaban dos jóvenes padres de familia, de esos que ahora se pueden casar a los dieciséis años:

—En cuanto pongo al nene en la cuna, empieza a llorar.

—¿Está acostumbrado a los brazos?

—No. Es que en la cuna hay una tachuela.

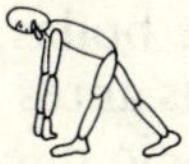

El cura echó otro vistazo al gordo a quien estaba casando y dijo:

—...Los declaro marido y cocinera.

Vecina: señora capaz de escribir nuestra biografía.

A fin de evitar incendios, en el zoológico de San Juanito Chipitongo prohibieron las llamas.

El inventor del piano fue un cargador que metió un arpa dentro de un cajón.

Hay un bar de la Zona Rosa en la ciudad de México donde en vez de servir charritos de botana, dan chinas poblanas.

Durante la fiesta de bodas, el novio y su padre se tomaron un copa juntos antes de despedirse.

—¿Tienes algún consejo que darme, papá? —preguntó el muchacho.

—Dos —repuso el padre—. Número uno: insiste desde el primer momento en que necesitas una noche libre a la semana para jugar al ajedrez con algún amigo. Y número dos: no la desperdicies jugando al ajedrez.

Dos amigos, grandes juerguistas ambos, se encontraron en un bar.

—Te invito a una fiesta de quince años —le dijo uno al otro.

—Encantado —repuso este último—. Nada más te advierto que sólo podré estar seis meses, porque en agosto tengo una boda.

La mujer del farmacéutico debería llamarse Remedios. La del vendedor de automóviles, Mercedes. La del revoltoso universitario, Refugio; la del notario, Fe; la del político, Esperanza; la del mendigo, Caridad. La del albañil, Cruz. La del salvavidas, Socorro. La del taxista, Prudencia. La de un francés, Cornelia. Y la de un náufrago en una isla desierta, Soledad.

—Tengo la casa llena de ratones —comentó un amigo con otro—. Y mi mujer les tiene verdadero terror.

—¿Por qué no te consigues un gato?

— ¡Cualquier día! A los gatos no les tiene miedo.

¿Por qué Dante Alighieri puso en el infierno a todos sus amigos?

Aquella pareja tuvo una luna de miel perfecta: él era astronauta y ella apicultora.

¿Sabía usted que... Leda, después de ser amada por Zeus en forma de cisne, puso un huevo y luego tuvo la desfachatez de freírselo a Tíndaro, su marido?

El pacifista se negaba a ir a la guerra argumentando que él no estaba dispuesto a ser carne de cañón.

—No sea usted idiota —le dijo el sargento en la oficina de reclutamiento—. Con suerte lo mata una ametralladora.

Comentaban dos vacas al ver que se acercaba un toro cebú:

—Ahí viene ése otra vez a jorobarnos...

Las bombas nucleares se inventaron para probar que las ciudades están edificadas en el campo.

Para los glotones, no hay nada más apetecible que el estado de coma.

Los aficionados a la pesca no mienten: lo que sucede es que recuerdan en gran escala.

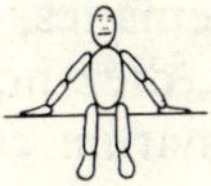

—La semana pasada, en Acapulco, vi a tu marido en la playa —comentó la amiga que nunca falta—. Por cierto que llevaba del brazo a una rubia muy bonita.

—A la edad de mi marido —repuso secamente la agraviada—, ¿qué quieres que lleve a la playa del brazo? ¿Un cubo y una palita?

Un certificado prenupcial adverso puede hacer la felicidad de un hombre para el resto de su vida.

—Ahí tienen ustedes a la famosa torre inclinada de Pisa —explicó el guía de turistas a su rebaño.

—¿A fines de qué sexenio la construyeron? —preguntó el mexicano del grupo.

Cuando estalló la Segunda Guerra Mundial, el gobernador militar del remoto y aislado protectorado británico de Adén recibió el siguiente cable de sus superiores:

"Declarada guerra. Detenga todos los extranjeros enemigos".

Veinticuatro horas después, el gobernador envió a Londres la respuesta:

"Arrestamos siete alemanes, cinco rusos, tres belgas, seis turcos, dos chinos, diez norteamericanos y un japonés. Ruégole informarme contra quiénes estamos en guerra".

Aquel señor era tan borrachín, que lo apodaban "el ISSSTE": por la cantidad de eses que hacía al caminar.

Había un gobierno que parecía bikini: nadie sabía cómo podía sostenerse y todo el mundo estaba deseando que cayera.

En un examen, un estudiante cubano dio la siguiente definición de lo que es el azúcar:

"Un polvo blanco que da un gusto muy amargo al café cuando se olvida uno de ponérselo".

Había un señor tan católico, que cuando pellizcaba a la criada le hacía un cardenal.

El guía de turistas mostraba a un grupo de visitantes provincianos la vista de la ciudad de México desde lo alto de la torre Latinoamericana.

—¿Se cae muchas veces la gente desde aquí? —preguntó uno de ellos.

—¿Viera usted que no? —repuso el guía—. Por regla general los que se caen de aquí no vuelven a hacerlo.

—Tengo enterocolitis —le dijo muy triste el enfermo a su mujer, al volver de la consulta con el médico.

—¡Tú siempre tan despilfarrado! —refunfuñó la señora, que era de Monterrey—. Podías haberte conformado con un vigésimo...

Cierta madura actriz de cine nacional, cuyo nombre no viene al caso, se encontró con una amiga que le preguntó:

—¿Qué tal tu nieto?

—¿Cuál nieto? —preguntó a su vez, obviamente molesta, la restirada y turbulenta estrella.

—¿No me dijiste hace tiempo que tu hija esperaba un varón?

—Sí —admitió la actriz—; esperaba un varón, pero para casarse.

"El occiso –decía un informe del médico forense– murió de un síncope cardíaco con orificio de salida en la espalda".

Había un señor tan alto y tan delgado, que le decían seis en punto.

La parte más tierna de un animal es el lomo, excepto cuando se practica la equitación.

–¿Tiene usted facilidad de palabra? –preguntó el agente de colocaciones al solicitante.

–So so –repuso éste, que era tartamudo–, so so sólo de de si si... sílaba.

Hay caballos que cuelgan un zapato arriba de la entrada a la caballeriza, creyendo que les trae buena suerte.

Aquel famoso actor era tan amigo de la publicidad, que en su cartera traía una tarjeta que decía: "En caso de accidente favor de llamar a toda la prensa".

Después de jugar muy chapuceramente los 18 hoyos, el golfista se volvió hacia el joven caddy y le preguntó:

—¿Qué me dices? ¿Notaste alguna mejoría en mí hoy?

—Pues... ¡Sí, claro! Fue usted a la peluquería ¿verdad?

—Hoy es el cumpleaños de mi esposa.

—¿Sí? ¿Cuántos años celebra?

—Celebra los 8 años de estar cumpliendo 30.

Una mujer a otra:

—¡Estoy muy angustiada por mi marido! Al caer la noche, pierde la memoria.

—¿Sí? ¡Qué cosa tan rara, amiga!

—¡Rarísima, tú! Su caso es tan serio, que durante el sueño me llama con otros nombres.

En el camerino, una vedetita le dice a otra:
—¡Fíjate, mana, que ayer salí con un señor muy rico que me invitó a su pent-house, abrió un armario repleto de abrigos de visón y me dio uno!
—¿Y tú qué tuviste que hacer?
—Muy poco: sólo bajarle las mangas.

La esposa: —¿Por qué le dijiste a tu amigo Pepe que te casaste conmigo porque mi familia tiene mucho dinero? ¡Tú sabes que eso no es cierto!
El esposo: —Ya sé que tus parientes no tienen un peso, pero alguna razón tenía que inventar.

Es ya tan escasa en oxígeno la atmósfera de la ciudad de México, que ahora, después de establecer los horarios de trabajo escalonados, se planea instituir la respiración escalonada.

En el manicomio
—Pobre Pepe. Anda todo deprimido y magullado.
—¿Qué le pasó? ¿Volvió a arrollarlo su manada de elefantes verdes?
—No. Esta vez fue peor. Se quedó en el patio toda la tarde y le cayó la noche encima.

—¿Por qué tiras el reloj por la ventana?

—Es que estoy aburrido y quiero que el tiempo vuele.

—Hace años yo competí en una Olimpiada y gané una medalla de oro.

—¿Y qué hiciste con ella?

—La mandé broncear.

La chava liberada a su prometido:

—Mira, hijín: antes de que nos casemos, prefiero confesarte algunas movidas y ondas locas que he tenido con otros galanes.

— ¡Pero si ya me confesaste todo eso hace como 3 días!

—Bueno, joi: eso fue hace 3 días...

Una corista a otra:

— ¡Imagínate, amiga! El señor que me paga mis cuentas acaba de legalizar nuestra relación.

— ¡No me digas que se casó contigo!

—No, pero me incluyó como gasto deducible en su última declaración de impuestos.

Es mejor guardar silencio y dejar a los demás que sospechen que uno es tonto, que abrir la boca y permitirles que lo confirmen.

Al ser humano le toma 2 años aprender a hablar y 40 años aprender a callarse.

El sujeto aquel permaneció 5 años en prisión. El día en que quedó libre al fin, se fue rápidamente a su casa, sólo para encontrar a su mujer con otro hombre.

—¿No me dijiste que me esperarías? —le gritó fuera de sí.

—Y te he estado esperando —replicó la mujer—. Pero tenía que hacer algo mientras ¿no?

En plena calle, dos hombres peleaban furiosamente. Junto a ellos, un niño lloraba desconsoladamente y gritaba:

— ¡Papá, papacito! ¡No te pelees!

Llegó presuroso un policía y preguntó al pequeño:

—¿Cual de los dos es tu papá, muchacho?

—No sé, señor —gimoteó el chico—. Por eso están peleando.

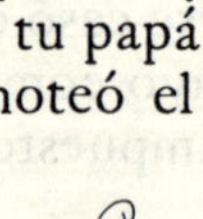

La patrona: —Y tiene usted que estar siempre preparada, porque mi marido es muy dado a traer gente a comer sin previo aviso.

La nueva cocinera: —No se apure, señora. Siempre tengo mi maleta hecha.

En el Aeropuerto Charles de Gaulle, el empleado de la compañía aérea pregunta amigablemente al turista que abandona París:

—¿Cuál fue el sitio que más le gustó de nuestra hermosa ciudad, monsieur Smith?

—El mirador de la torre Eiffel.

—¡Ah, oui, oui! Una hermosa vista, ¿verdad?

—Sí. Es el único lugar de la ciudad desde donde no se ve la maldita torre.

La esposa: —¡Aunque nunca te hayas llevado bien con mamá, por lo menos tienes que ir a su entierro!

El esposo: —¡Oh, está bien, mujer! Pero te juro que con esto me echas a perder el día.

En la sierra, un jefe guerrillero regañaba ásperamente a un recluta muy torpe:

—...y para terminar, te voy a dar un consejo de amigos: si llegan a ponerle precio a tu cabeza ¡acéptalo!

Una chica a otra:

—¿Qué tal te fue ayer con tu nuevo novio?

—¡Maravillosamente! Me pasé toda la velada diciéndole "no".

—¿Y dices que te fue maravillosamente?

—¡Claro! El es muy cortés y me preguntaba: "¿Te importaría que fuéramos a cenar?", "¿Te importaría que te besara?", "¿Tienes inconveniente en ir a mi departamento?"...

—¿Puedes darme un cerillo?

—No tengo. Pero aquí tienes mi encendedor.

—No seas tonto. ¿Cómo voy a rascarme la oreja con un encendedor?

Letrero en un camión: "Cuidado. Manejo tan mal como usted".

—Mi secretaria tiene las dos piernas más bonitas de la compañía.

—¿Por qué estás tan seguro?

—Porque se las conté.

Le comenta un amigo a otro:

—López es tan celoso, que hace poco tiempo su esposa tuvo triates y él salió furioso a buscar a los otros dos tipos.

Isaac Zywackinszcky, comerciante de la Merced, fue a que le examinaran la vista. El oculista lo colocó frente a una cartulina con letras de distintos tamaños y le pidió que fuera leyéndolas. Así lo hizo el polaco:

—C-Z-V-T-X-Q-Ñ... ¡Oiga! ¡Yo conozco a ese tipo! ¡Es paisano mío!

—Mi mujer se subió a una báscula de las que emiten una tarjetita con el peso y un mensaje. Su tarjeta decía: "Favor de pesarse uno por uno".

—Pues mi esposa hizo lo mismo y su tarjetita decía: "Tiene usted muy buena memoria, adora los cacahuates y le aterran los ratones".

Dos famosos adivinadores y telépatas se encuentran por la calle. Uno dice al otro:

—¡Buenas tardes, querido colega! Te está yendo muy bien y hoy te sientes feliz. Y yo ¿cómo estoy?

La recepcionista de la lujosa oficina, al sujeto mal encarado y furioso:

—Disculpe, señor: ese maldito, ratero, trinquetero y mentiroso señor Juan Corcuera que usted busca, ¿es el padre o el hijo?

Tanto insistieron los yucatecos ante la NASA, que un día por fin enviaron a uno de ellos en un viaje espacial, en compañía de un mono. Antes del despegue le indicaron que recibiría instrucciones al encenderse una luz verde frente a él. Cuando se encendiera una luz roja, las intrucciones serían para el changuito. A poco de iniciado el vuelo, se encendió la luz roja y el mono recibió órdenes: "Corrige rumbo. Informa velocidad. Verifica temperatura interior". Minutos más tarde, brilló de nuevo la luz roja: "Enciende cohetes direccionales derechos. Corrige 3 grados. Ajusta presión de cabina". Así continuó la cuestión por 6 horas más. De pronto, se encendió la luz verde y el astronauta yucateco recibió, tenso, sus primeras instrucciones: "Déle de comer al mono".

Tiempo después, el mismo yucateco viajó de nuevo al espacio en compañía de otro astronauta. Ya en órbita, su compañero recibió órdenes de salir a hacer una "caminata espacial" alrededor de la nave. Media hora más tarde regresó y golpeó la escotilla para avisar que quería entrar. El yucateco contestó: "¿Quién es?"

Conversan dos jóvenes mujeres:

—Yo no cambiaría a mi marido por 20 hombres.

—Pues yo no cambiaría a mis 20 hombres por un marido.

En realidad, las jóvenes parejas de hoy hacen lo mismo que las de antes: se conocen, se hacen novios, se comprometen, se casan, hacen el amor y tienen hijos. Sólo han cambiado el orden.

En el autocinema:

Ella: —Si haces algo, grito.

El: —¿Si hago algo? ¿Qué cosa?

Ella:— ¡Cómo! ¿No pensabas hacer nada?

El gigantesco y torpe leñador pidió en la tienda del pueblo la mejor sierra.

—Esta es la más moderna que tengo, amigo. Con ella podrá usted cortar 10 árboles por hora —le dijo el tendero.

Al día siguiente, el leñador volvió furioso:

— ¡Me engañó usted! ¡Esta sierra no sirve! Sólo pude cortar 5 árboles por hora.

Apenado, el tendero tomó la sierra, la conectó a la corriente y la puso en marcha. Sorprendido, el leñador dio un salto atrás y exclamó:

— ¡Hey! ¿Qué es eso que suena?

—Pues así como me ves, yo me hice a mí mismo.

—Ya me lo imaginaba. ¿Por qué no contrataste mejor a un especialista?

Los jóvenes de hoy son muy afectos a lo viejo... siempre que sea embotellado.

Durante uno de esos romances repentinos y tempestuosos, tan propios de la época:

El: —Mi vida, ¿soy acaso el primer hombre...?

Ella: — ¡No seas idiota! El primero fue Adán.

La chica volvió a casa al amanecer y despertó a su hermana para comentarle:

—Para tu conocimiento, hemos dejado de ser gemelas idénticas.

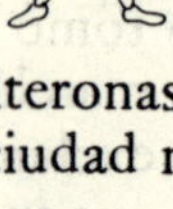

Al anochecer, 2 solteronas caminaban presurosas por el centro de una ciudad norteamericana, famosa por su peligrosidad.

—Será mejor tomar un taxi para ir a casa, Emma —dijo una de ellas—. ¿Qué tal si nos ataca una de esas pandillas de negros?

— ¡Vaya, Ethel! ¡No sabía que fueras racista!

Para ayudar a una comunidad subdesarrollada a mejorar su ganado, el gobierno norteamericano le envió un enorme toro pura sangre. Lo metieron inmediatamente a un corral con 50 vacas. Pero 2 años después, en el corral seguía habiendo un toro y 50 vacas. Un vaquero medio loco que decía poder hablar con los animales, se ofreció a resolver el misterio. Tanto insistió, que entre risas lo dejaron entrar al corral. Tras un breve intercambio de mugidos con el toro, el vaquero anunció:

—Dice el toro que a él le dijeron que sólo venía como asesor técnico.

En una reunión, 2 solteronas "recortan" a la concurrencia:

—¿Ya viste la sonrisa que luce don Julio?

—Sí, pero no es que ande muy feliz. Lo que pasa es que está muy orgulloso de su nueva dentadura.

El juez al ladrón:

—Se introdujo usted 5 noches a la misma tienda en una semana. ¿No le parece una exageración?

—Déjeme explicarle, señor juez: es que me robé un vestido para mi mujer y ella me hizo volver 4 veces a cambiarlo.

La visitante: —¿Cuántos hermanos son ustedes, nena?

La niña: —Nueve, señora.

La visitante: ¡Uy! Tantos niños deben salir carísimos.

La niña: —No, señora. No los compramos. Los hacemos en casa.

—Pues a mí no me ayudó nadie. Yo me formé solo.

—Lo más admirable es que aceptes toda la culpa.

El presunto cliente, al vendedor de automóviles:

—Pues sí: me gusta el carro. Pero me parece que el precio es demasiado grande para un auto tan chico.

—Bueno, si quiere usted economía tiene que pagar por ella.

Un sujeto a otro:

—¿Y tú tienes parientes lejanos?

—¡Qué más quisiera! Todos están metidos en mi casa.

El cliente: —¡Mesero! Este bistec está tan delgado que se transparenta.

El mesero: —¡Ah, señor! ¡Por supuesto! Es para que pueda usted admirar el hermoso decorado de nuestros platos.

Dos jóvenes señoras conversan sobre la crisis económica:

—En esta época tan difícil, hay que ingeniarse mucho para estirar el dinero.

—¡Ah, sí chulis! Pero yo tengo mis buenos trucos. Por ejemplo, ya no voy al salón de belleza: me arreglo yo misma y ahorro mucho dinero para otras cosas.

—¿Y como cuánto ahorras al mes?

—Depende. Si no voy al salón de Chuchis, me ahorro como $600,00 al mes. Pero si no voy al de Armand, me ahorro como $ 1,000.00. Por eso prefiero no ir al de Armand.

El cazador: —¡Hey! ¿Por qué mi mira usted tan detenidamente?

El caníbal: —¡Cállese y dése la vuelta! Soy el inspector de alimentos.

El médico a la muchacha:

—No, señorita López. El hecho de que tuviera usted un embarazo en la adolescencia no la hizo inmune.

El agente viajero envió a su joven esposa un telegrama avisándole que volvía al hogar al día siguiente. Así lo hizo, sólo para hallar a la mujer en brazos de otro hombre. Furibundo, salió de la casa y fue a contarle el penoso asunto a su suegra.

— ¡Ahora mismo busco un abogado y le exijo el divorcio! —rugió el.

— ¡Calma, hijo, calma! —suplicó la suegra—. Déjame hablar con ella primero. Estoy segura que tuvo alguna buena razón para hacerlo.

Salió la suegra a hablar con la hija y volvió un rato después.

— ¡Te dije que debía tener una buena razón! —dijo alegremente al yerno— ¡No recibió tu telegrama!

Era un hombre tan desconfiado y celoso, que cuando su esposa tuvo mellizos estalló en un terrible acceso de cólera, porque sólo uno de los 2 bebés se parecía a él.

Hé aquí un enigma que ningún científico ha podido resolver: ¿Por qué las chicas de línea más aerodinámica suelen ser las que ofrecen mayor resistencia al avance?

Aquellos esposos cumplían 15 años de un matrimonio cada vez más tedioso e irritante. Sin embargo, trataban de cumplir con el manido ritual de la cena casera de gala, a la luz de las velas. Pero al empezar a servir la cena, la mujer no pudo más y le vació al marido la sopera en el pantalón.

—¡Esto es porque eres el peor de los amantes! —le gritó con rencor.

Repuesto apenas de la sorpresa, el hombre cogió el pastel de aniversario y se lo estampó en la cara a su mujer, al tiempo que rugía:

—¡Y esto es por andar haciendo comparaciones!

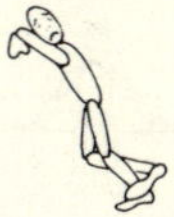

Entre recién casados:

—Sospecho que sigo sin agradarle a tu madre, nena.

—¿Por qué dices eso, amorcito?

—Porque el juego de toallas que nos regaló dice "Ella" y "La cosa".

—El médico me aseguró que con su tratamiento pronto volvería yo a caminar.

—Veo que estaba en lo cierto.

—Sí: para pagarle el tratamiento tuve que vender mi coche.

Entre amigos:

—Desde que me casé, mi vida es como un día de campo: mi mujer sólo me da sandwiches en platos de cartón.

Un individuo, ferviente admirador de un candidato, se acercó a éste al término de un mitin y le dijo entusiasta:

—¡Es usted extraordinario! ¡Estoy seguro de que todos los ciudadanos inteligentes votarán por usted!

—No basta con eso —replicó el político—. Recuerde que tengo que ganar por mayoría.

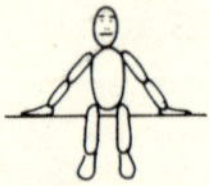

El: —¿Eres partidaria de las relaciones íntimas antes de la boda?

Ella: —Pues sí, pero no me gustaría hacer esperar a los invitados.

Sin decir "agua va", el niño de siete años preguntó a su madre cómo había nacido él. La mujer, inhibida y conservadora, tragó saliva y respondió:

—Te trajo la cigüeña, hijito.

—¿Y cómo naciste tú, mamá?

—También me trajo la cigüeña.

—¿Y a mi abuelita? —insistió el pequeño—.

—Pues... también. También la cigüeña la trajo.

—¡Chispas! —concluyó el niño rascándose la cabeza—. ¿Quiere decir que en esta familia no ha habido relaciones maritales en 3 generaciones?

Llevaron al manicomio a un tipo que se creía Napoleón. Tras meditar un poco el asunto, el director decidió ponerlo en la misma celda de otro loco que se decía también Napoleón, para ver qué sucedía. Tal vez —pensó— podían reaccionar negativamente, pero tal vez sucediera lo contrario y el *shock* resultante contribuyera a su curación.

El experimento se desarrolló en paz y algunos días después el director entró a la celda para interrogar al "Napoleón" de más reciente ingreso. Lo halló muy sonriente y animado.

—Doctor —dijo el demente—. Estaba yo en un error. Me traicionaba mi fantasía... Ahora sé que no soy Napoléon.

—¡Formidable! —repuso el siquiatra.

—¡Ay, sí doctor! —agregó contoneándose coquetonamente el paciente—. En realidad soy Josefina.

Esas modernas mascarillas faciales efectivamente mejoran el aspecto de algunas mujeres... hasta que se las quitan.

Siquiatra: —Para conocer bien el problema, quiero que me platique usted todo detenidamente desde el principio.

Paciente: —Bien, doctor. Al principio, Dios creó el sol y los planetas...

Entre juniors:

—¡Oye, cuate: te vi con una mujerzota hermosa y exuberante! ¿Quién es?

—Es una conocida vedette.

—¿Y de qué nacionalidad es?

—Por lo que sé, es en parte argentina, en parte polaca y en parte silicones de Rochester.

La mujer al marido:

—¡Ay, viejo! Es muy urgente que llevemos a Juanito al dentista. Tiene una picadura tan grande en una muela, que ya hasta habla con eco.

—¡Mesero! ¡Hay una maldita mosca en mi sopa!

—¡Ay, señor! ¿Para qué hace tanto escándalo? ¿Cuánta sopa cree que pueda beberse la pobre?

Mientras colocan ladrillos, 2 albañiles conversan:

—Oye, Juan: ¿Te gustan las mujeres muy gordas y sebosas?

— ¡Uchala! No, compadre.

—¿Y las que tienen várices y la cara llena de barros y espinillas?

— ¡Menos!

—Entonces dime, grandísimo $&¿ ¡, ¿por qué andas metido con mi vieja?

Juanito cayó en cama con un fuerte resfriado. Para que se entretuviera, su mamá le dio a leer un libro de historia sagrada, donde el niño se enteró del famoso caso de Adán y Eva. Cuando llegó el doctor y le preguntó dónde le dolía, repuso:

—Me molesta mucho aquí, en las costillas, doctor. Yo creo que voy a tener una mujer.

En el manicomio:

—¿Usted por qué está aquí, amigo?

—Porque estoy loco y me creo Napoleón. ¿Y usted?

—Exactamente por lo contrario: porque soy Napoleón y estos idiotas me creen loco.

El juez de paz: —¿Qué le hace pensar que su marido empieza a cansarse de usted, señora?

La mujer: —Que hace 10 años no se para por la casa.

Entre delincuentes:

—Si llego a caer preso, me buscaré un abogado que conozca muy bien la ley.

—Pues yo me buscaré uno que conozca muy bien al juez.

El joven médico riñendo a su exuberante novia.

—¡No lo niegues! ¡Te vi paseando con un colega mío!

—No te enojes, mi amor. Tú siempre dices que soy sensacional, pero yo quería obtener la opinión de otro doctor.

La esposa: —Alguna cosa que hice debe haber ofendido mucho a doña Lupe, nuestra vecina. No se ha parado por aquí en una semana.

El marido: —Investiga qué fue, para hacerlo de nuevo.

Después de la parranda el borrachín invitó al amigo a conocer su casa.

—Mira, compadre —le fue mostrando—. Esta es la sala... aquel es el comedor... y aquí está la recámara. Esa que está durmiendo es mi vieja y el tipo que está junto a ella soy yo.

—¿Dónde estuviste hasta esta hora de la madrugada? —inquirió con rabia la esposa al marido que llegaba despeinado, ojeroso y con la corbata de lado.

—La verdad, me encontré a una antigua novia, la llevé a cenar, después a bailar y por último fuimos a su departamento...

—¡Mientes, canalla! Debes haber estado jugando pókar con tus amigotes.

En la puerta de salida de la casa, el padre discute con su hijo de 20 años que lleva en la mano una maleta:

—¡Me voy en busca de aventuras! ¡Vagaré libremente por el mundo! ¡Veré muchos lugares! ¡Conoceré mujeres bellas! Es inútil que trates de detenerme, papá —exclamó el muchacho.

—¿Quién quiere detenerte? ¡Llévame contigo, hijo!

Dos cincuentones charlan en el café:

—Antes me pasaba yo el tiempo corriendo detrás de las mujeres, pero ya no puedo hacerlo.

—Con la edad mermaron tus ímpetus...

—No es eso. Es que en esta época ya no encuentro ninguna que corra.

Una mujer dice a otra:

—Pues aunque no lo creas, a pesar de que ya tengo 15 años de casada, en la calle me siguen diciendo "señorita".

— ¡Claro! Al verte ¿quién podría pensar que pudiste pescar marido?

Hacia la medianoche, la chica regresó a casa escoltada por su novio de reciente adquisición. En la sala esperaba impaciente el padre de ella, quien sin pérdida de tiempo se dirigió al muchacho en tono enérgico:

— ¡Oiga usted, joven! ¡Quiero saber si sus intenciones hacia mi hija son buenas o malas!

— ¡Caramba! —exclamó el chavo muy emocionado—. ¿Así es que puedo elegir?

Durante una exposición pictórica el galán dice a la espectacular criatura que acaban de presentarle:

— ¡Tienes una figura perfecta! ¿Tendrías inconveniente en posar al desnudo para mí?

—Pero si yo no sé posar...

—No importa. Yo tampoco sé pintar.

El padre, al hijo que llega a la casa con un ojo morado:

—¡Vaya! ¿Qué te pasó esta vez, muchacho?

—Es que traté de besar a mi novia y...

—¡Maldita sea! ¡Ya andas otra vez con esa narigona!

La esposa: —¿Quieres explicarme por qué llegas a la casa medio borracho?

El marido: —Porque se me acabó el dinero.

Minutos antes de la función, los esposos llegaron al teatro y se instalaron en sus asientos. Pero súbitamente, el hombre tuvo que ir al baño. Preguntó a la acomodadora dónde estaban los sanitarios y recibió una complicada información:

—Salga al vestíbulo, camine a la derecha hasta una puerta verde, siga por el pasillo unos 20 metros, voltee a la izquierda, después otra vez a la izquierda...

A los pocos minutos, cuando retornó a su sitio, preguntó a la esposa:

—¿Qué pasó en la primera escena?

—Tú debes saberlo —contestó ella con fiera mirada oblicua—. Estabas ahí enmedio.

Dos sujetos andan corriéndose gran juerga. De pronto, uno dice al otro:

—Oye, compadre: ¿Sabes qué hora es?

—Sí.

—Gracias, compadre.

— ¡Deteneos! —conminó Jesús a la chusma que pretendía lapidar a la adúltera—. ¿Quién esté libre de culpa, que lance la primera piedra!

—SOC —sonó una fuerte pedrada en el cráneo de la mujer.

— ¡Cómo! —increpó Jesús al hombre que había arrojado el pedradón—. ¿Acaso eres tú un hombre inmaculadamente puro?

— ¡Qué puro ni qué nada! —contestó el sujeto—. Yo soy el marido y ¡me da un coraje...!

El empleado ambicioso, al jefe:

—Señor: ahora que ha muerto Ramírez, creo que soy el más indicado para ocupar su lugar, ¿no le parece?

—Pues... no sé. Para eso tiene usted que ponerse de acuerdo con la viuda.

Al medio día, el hombre telefoneó desde la oficina a su casa:

— Hola, mujer. ¿Cómo estás?

— ¡Maravillosamente! De un humor estupendo. Pero extrañándote mucho, como todos los días, amorcito.

— Perdone usted, señora. Debo haber marcado mal.

La esposa al marido:

— Hoy llegó para ti una carta marcada "Confidencual".

— ¿Y qué dice?

En esta época de atonías, inflaciones y devaluaciones, hay gente con tan mal crédito que ya no le aceptan ni su dinero.

Dos elefantes, uno verde limón y el otro rosa mexicano, entraron a una cantina.

— Lo siento, muchachos —les dijo de inmediato el cantinero— pero su alcohólico todavía no ha llegado.

— ¿De modo que el doctor le cobró a tu marido mil dólares por la operación? ¿Pues qué tenía el pobre?

—Mil dólares.

El médico a la suculenta paciente:

— Haga usted el favor de desnudarse, señorita López. Voy a hacerle una auscultación completa y cuidadosa.

— Pero, doctor. Hace apenas 15 días me hizo usted un examen completo y me encontró perfecta...

— Precisamente...

La patrona: — ¡Esto es demasiado! ¡Hace un mes y medio que mi marido no me da un beso!

La sirvienta: — Pues francamente no se pierde usted de gran cosa.

Aquella voluptuosa y enamoradiza licenciada en administración de empresas medía sus tiempos en horas-hombre.

En los jardines de un estudio de cine, 2 niños reñían de palabra, lanzándose las balandronadas de costumbre.

— ¡Mi papá le pega al tuyo! —dijo de pronto uno de ellos.

— ¡No seas idiota! —replicó el otro—. Tu papá es mi papá.

El "manager" a su boxeador, poco antes de la pelea:

— ¿Por qué te preocupa tanto esta pelea? El otro tipo es una maleta igual que tú.

En el asilo, un anciano a otro:

— Pues así como me ves, yo en mi juventud heredé una gran fortuna.

— ¿Y qué hiciste con ella?

— Una parte la gasté en mujeres, parrandas y fiestones para mis amigos. El resto francamente lo gasté a lo tonto.

— Disculpe usted, señor —dijo suavemente la matrona de mansa mirada y atuendo negro—. ¿Quisiera donar alguna pequeña suma para la rehabilitación de las chicas malas?

— No, señora —repuso el hombre con una sonrisa—. Yo prefiero contribuir en forma directa.

El padre, al hijo que acaba de comentarle que piensa casarse:

— Piénsalo bien, muchacho. Cada día se está volviendo más y más difícil mantener a una esposa y al gobierno con un solo sueldo.

Sabias frases

Hay mujeres que hacen historia con su geografía.

"Alcohólico" es un sujeto que bebe igual que nosotros pero nos cae mal.

Después de todo, el desnudismo no es sino una manera diferente de ver las cosas.

¿Y qué es un juez sino un señor puesto a decidir cuál de las 2 partes en litigio tiene el mejor abogado?

Un marciano entró a un bar de lujo de la ciudad de México y pidió al cantinero un jaibol. Aunque muy extrañado, el cantinero sirvió inmediatamente la bebida al hombrecillo verde. Este consumió rápidamente el jaibol y preguntó cuánto debía.

—Son cien dólares, señor.

Y mientras el marciano sacaba el dinero del bolsillo para pagar la abultada cuenta, el cantinero le comentó:

– Oiga usted: es la primera vez que viene un marciano por aquí.

– Y con esos precios, la última —gruñó el hombrecito verde.

Esta edición se imprimió en Julio de 2005. Editores Impresores Fernández S.A. de C.V., Retorno 7-D Sur 20 No. 23. México, D.F.